トランプ激語録

──わが叫びを聞け！

梶埜翔

毎日ワンズ

はじめに

ドナルド・トランプは、一九四六年六月十四日、アメリカ・ニューヨーク市クイーンズで生まれた。父のフレッドはクイーンズの不動産デベロッパー。祖父は一八八五年にアメリカに移ったドイツ人・フレデリックである。母はメアリー・アン、スコットランドのルイス島生まれ、移民として一九三〇年にアメリカに来ている。両親は一九三六年に結婚、トランプは五人兄弟の第四子である。

父は腕のいい、叩き上げの大工から事業を起こし、財をなした。トランプは父から多くを学んだが、父の事業に飽き足らず、より大きな舞台を求める。一九七〇年代からスケールの大きいオフィスビル開発やホテル、カジノ経営などに乗り出し、八〇年代には、レーガン政権下の好景気を追い風に、大成功を収め、「不動産王」と呼ばれることになる。「トランプ・タワー」「トランプ・プラザ」「トランプ・マリーナ」「トランプ・タージマハール」など自分の名前を冠した不動産は、いずれも成功した物件として有名で、とくにトランプ・タワーはシンボル的存在である。しかし、道のりは決して平坦ではなかった。

一九八〇年代末〜九〇年代初め、巨額の債務を抱え、カジノやホテルの倒産などで危機を迎える。九四年に資産売却によって借金を減らし、一部事業からも撤退してなんとか危機を切り抜け、九〇年代後半から好景気をバックに復活を成し遂げる。

二〇〇七年サブプライム以降の不況では、トランプ・プラザなどを経営するトランプ・エンターテインメント・リゾーツ社が、〇九年に連邦倒産法第一一章の適用を申請してもいる。

二〇一五年六月、トランプは大統領選への出馬を表明し、このときから、言いたい放題の暴言、毒言、奇言で聴衆とテレビの向こうの有権者を驚かせた。彼がヒールを演じる掟《おきて》知らずのショーに、共和党の対立候補は次々と撤退を余儀なくされ、一年たたないうちに、彼の前には誰もいなくなった。盤石《ばんじゃく》の候補だったはずのヒラリー・クリントンも、トランプ・トルネードに足もとを襲われている。

現在、トランプ大統領が決定したわけではない。しかし彼が大統領になってもならなくても、彼が巻き起こしたトランプ旋風のことはアメリカ人も日本人も永遠に記憶にとどめるだろう。

一見単純そうに見える、いかにもアメリカ人的なオヤジだが、トランプ氏を理解することは非常に難しい。

筆者が初めに感じた、「こいつは一体何者なんだ」という疑問は、古い資料をひっくり返して、気になる言葉を見つけ出し、拾っていくごとに、逆に深まっていった。

大げさに言えば、トランプという人間と過去に発してきた言葉、大統領選で彼がまき散らしてきた言葉とそれらが構成するはずの世界、今後（すぐに）起きてくるかもしれない予測される変化との間にはまだ解けていないミステリーがあり、埋められていない隙間があると思う。

そうしたことをくっきりと示すことは筆者にはできなかったが、賢明なる読者の間には、読み解く鍵や示された方向を見て取れる人もいるのではないか。このトランプ・ジグソーパズルを楽しんでいただけたらと思う。

二〇一六年 夏

梶埜 翔

トランプ激語録──わが叫びを聞け！【目次】

1

何を言っているんだ、この男は！

「メキシコからの不法入国を阻止するために、
国境三〇〇〇キロに、高い塀を造る。
その負担をするのはメキシコである」

とんでもない男が世界最高の舞台とも言うべきイベントに登場した。四年に一度行われる米大統領選の前哨戦としての共和党予備選挙に、不動産王ドナルド・トランプ氏が出馬を表明したのだ。

大半のアメリカ人は、その登場を面白がった（たぶん）が、ほどなく脱落してしまうに違いないと信じていた。

ところが、彼は花火のように、一時の華やぎののちに散ってしまうことはなかった。ドナルド・トランプは終始トップを走り、ついには本命や有力と目されていた候補たちに、戦い続けることを断念させ、撤退を余儀なくさせるほど勢いに乗った。

それにしてもこの発言は滅茶苦茶である。よほどの泡沫《ほうまつ》候補以外は絶対に口にしない内容である。こんなことを言う人間が候補になるなんて、と、非常に多くの人が驚き、あきれた。これほどあからさまな人種差別発言も珍しい。

当然、大きな反発、ブーイングが巻き起こった。にもかかわらずトランプは、守勢に立つことなく、むしろその中で広く支持を得たのである。

いったいトランプとは何者なのか。単なるバカ親父なのか、それとも、もしかしたらその裏に計算が尽くされたしたたかな戦略家なのだろうか。

「メキシコ政府はまともな人間は送ってこない。
彼らはわれわれの所に問題を持ち込む」

二〇一五年六月、ドナルド・トランプは、彼の牙城《がじょう》である「トランプ・タワー」で、二〇一六年米大統領選に共和党から出馬することを表明した。

アフリカなどから奴隷としてアメリカに連れてこられた黒人とは違って、メキシコ人は奴隷ではない。原則としては対等な隣人として、主に労働力として入ってきている。

世界に冠たる経済大国アメリカに、国境を接するメキシコから人が流れ込むのは、自然の理《ことわり》である。圧倒的な経済格差があり、行けばお金を稼ぐことができる。チャンスが転がっている豊かなアメリカで働いて、豊かになりたいと思うメキシコ人の流入は止められない。

少なくとも意識のうえでは自由の国アメリカを誇りとするアメリカ人とすれば、「メキシコ人来るな」などとは言えない。

一方で「メキシコとの間に大きな問題がある」と多くのアメリカ人が考えているのは事実であり、トランプ発言にうなずく人はたくさんいるだろう。だからといってあからさまな人種差別発言であることも確か。

だから、当然のように、トランプの発言は大きな反発を招き、激しい批判、非難を浴びることになった。

「彼らは強姦犯だ。
そしていくらかはたぶんいい人だ」

これも一連のメキシコ発言の一つだが、日本人の感覚からすれば一番ひどい言い方である。ベストなメキシコ人は送ってこないという発言の流れで、「彼らはドラッグを持ち込む。犯罪を持ち込む」とし、この「彼らは強姦犯だ」が発せられる。

ハレンチな発言は、こうした話の流れから口が滑ったのか。

そして、「いくらかはたぶんいい人だ」となるところが、トランプ発言独特の言い回しである。罵詈雑言《ばりぞうごん》をまくし立てたあげくに、とってつけたように言われる「たぶんいい人だ」には失笑するしかない。

口汚く、滅茶苦茶に、差別用語を並べるようなとき、まずほとんどの人は、相手を傷つけ、ダメージを大きくしようと、自分の頭の辞書から最悪の表現を総力で探し、口を極めて罵《ののし》ろうとするだろう。緩和し、わずかでも好意を表そうとは決してしないものだ。たぶんいい人だ、のくだりで、彼はにやりと笑っていることだろう。そんな、一種余裕のようなものが感じられる。

大統領予備選のスタートで、トランプは絶対敵に回してはいけない人々に対して、絶対口にしてはならないメッセージを、思い切りぶちまけた。無謀としか言いようのないメッセージを大声でわめいたのである。

「私はメキシコにもメキシコ人にも
敬意を抱いている。　好きだよ」

中南米系（ヒスパニック）の住民は、アメリカで増える一方である。二〇五〇年には、米国民の三人に一人はヒスパニックになると予想されている。

それほど多くの人々、それもこれからもっとどんどん増えていって、この国の主要な人種グループをなすことになる人々、に向かってここまで言うことは、候補者にとって大量の票を失うこと間違いない自殺行為である。

それでもトランプは、国境に巨大な壁を造って、不法入国者を締め出そうと言う。アメリカを悪くするそんな奴らは入れないようにしなければならない。悪いのは不法行為を犯すメキシコ人なのだから、そのための負担はメキシコ政府が負わなければならない。巨大な壁は、鬼面人を威《おど》す、仕掛けのようなものだろう。

トランプは行く先々で壁造りを宣言し、「その費用を払うのは誰だ」と聴衆に問い掛け、「メキシコ人だ」と大合唱させる。

いくらトランプが敬意を抱き、好きだと言っても、馬鹿にされたとしか思えない。ヒスパニック向けテレビ番組を放送する米ユニビジョンは、トランプが共同事業者として参加するミスユニバース機構との提携関係を解消、NBCテレビはトランプが参加、出演していた番組「ジ・アプレンティス」から彼を降板させるなど、反発の動きは大きく広がった。

「メキシコとの国境沿いに壁を造る際には、キャタピラー社の機械を使う」

これはメキシコに向けての発言と言うよりは、日本への非難が込められたものである。今回の予備選でトランプ候補は、目に入ってくるほとんどの国に対して非難を浴びせ、攻撃する姿勢を見せている。その最も主要な国の一つがわが日本である。

ここでは、国境沿いに巨大な壁を造るという、超の字がつく大工事はキャタピラー社とジョン・ディア社という米国企業にやらせる、と言っている。ごく当たり前のことのように感じられるが、実はこれは、日本企業には発注しない、という宣言でもある。

トランプ氏は、二〇一六年三月のスーパーチューズデーで勝利を収めた後、日本の建設機械メーカーのコマツを槍玉《やりだま》に挙げた。日本が誘導した円安のために、アメリカのキャタピラー社が不利な状況に陥っているというのである。

円安とグローバル化で、アメリカ企業は日本企業に雇用を奪われているとトランプ氏は訴えている。

だが、日本企業がグローバル化を推し進めるに至った、その先生は米国企業である。コマツは日本にいくつも工場を持っているが、アメリカにも現地法人の工場を三つ持っている。キャタピラー社もアメリカと日本の両方で製造しているから、米国製を使うという、その国籍の線引きは曖昧《あいまい》になっているのだが。

「アメリカ国内に住む不法移民一一〇〇万人を強制退去させる」

ワシントン・ポストは、二〇一六年二月二十五日の社説で、トランプが「一一〇〇万人に上る不法移民を強制退去させる」と発言したことに対して、「スターリン政権かポル・ポト政権以来の大規模な強制措置」であると批判した。

そして、「良心ある共和党指導者がトランプを支援できないと表明し、指名阻止のためにできることをする時だ」と、トランプの大統領就任阻止を訴えた。

オバマ大統領は、共和党の大反対を押し切る形で、移民法の制度改革を推し進め、不法滞在者への救済策を講じてきた。

救済策は、一部不法滞在者への適切な温情を示すものであると同時に、すべての不法滞在者を強制退去させることは現実的でなく、むしろ莫大な費用がかかるのを避ける意味も大きい。

しかしトランプ氏は、「アメリカ生まれの不法移民の子供にアメリカの市民権が与えられるという規定を廃止する」と述べている。

大量退去は非現実的で、莫大な費用がかかるという批判については、「強制送還部隊を作れば退去させることは実現可能である」とし、差別的との批判には、「退去させるほうがむしろ人道的なのだ」という考えを表明している。

「イスラム教徒を アメリカに入れるべきでない」

二〇一五年十二月、ムスリム（イスラム教徒）の夫婦が、カリフォルニア州サンバーナディーノ郡で福祉施設を銃撃し、一四人を殺害した。事件の後、トランプ氏は、「当局は、（テロの）全容を把握するまで、当面の間ムスリムの入国を完全に禁止する」ことを提案する。

さらにモスク（イスラム礼拝所）の監視や信者のデータベースを作ることも提案した。

これらの提案をメディアは、トランプがムスリムの入国を禁止すると発言した、と伝えたため波紋は世界に広がった。イスラム世界は激しく反発し、トランプブランドの製品回収という事態も起きたのである。

このとき、サウジアラビアの大富豪で、王家出身のアルワリード・ビン・タラール王子が毒づく。「お前は共和党だけでなく全米の恥だ。絶対勝てないから大統領選から撤退しろ」。

これに対しトランプはツイッターで、「マヌケ王子の望みは、わがアメリカの政治家をパパのお金で操縦することだ。私が当選したらそれはできないがね」とやり返した。

イスラム教徒を排斥《はいせき》しようとする傾向は、トランプに限らずアメリカ人の間には強くなっている。アメリカでは、二〇〇一年九月十一日の同時多発テロが、反イスラム的空気を広げた。以来、反イスラム的な考え方、行動の広がりは欧米共通の傾向でもある。

「わが国民を殺そうとしている連中に、
われわれの発明品を使ってほしくない」

いかにもトランプ氏らしい反応である。

テロ組織ＩＳ（イスラム国）はソーシャルメディアを通じて、世界各地で戦闘員を勧誘している。ＳＮＳを自分たちのアピールに使い、プロパガンダに利用する。その活用はある意味で巧みで、自分たちに都合のよい使い方、見せ方を熟知している。

こうした組織なのだから当然であるとはいえ、そのつどやり場のない腹立たしい思いにとらわれる。

身勝手では人後に落ちないトランプ氏といえども、ＩＳの唯我独尊《ゆいがどくそん》のソーシャルメディア使用には、腹に据えかねるものがあるらしい。

「とんでもない奴らだ。あいつらアメリカ国民を殺そうとしているじゃないか。そんな奴らにわれらが偉大な発明品、インターネット、ソーシャルメディアを使わせるものか」。そこで彼が考えたのが、ネットへのアクセスを遮断し、組織を弱体化させようという「斬新」な対策だ。要するに中国政府みたいなことをするということか。

しかし、それでは地球規模で管理しなければならない。中国だって国内管理しているだけである。いずれにせよ、アメリカも困ることになるんじゃないか？　そもそもネットに国籍などあるのか？　疑問の声に答えはない。

「ロシアはアメリカに敬意を払っていないが、もしISを攻撃したいのならロシアの好きにさせればいい」

シリアで空爆を続けるロシア軍について言及した言葉だ。「ロシアの攻撃でＩＳを排除させたらいい、われわれもＩＳを排除したいのだから気にすることなどない」と言っている。ロシアが主導権を握ってもノープロブレムというわけだ。

ロシアがソ連だった一九八七年、トランプはビジネスをソ連に伸ばしていた。以来、アメリカはロシアとも関係を深めるべきだとの姿勢だ。「米ロがもっと協力すれば、テロを根絶し世界平和を再構築することができるとつねに感じている。貿易のみならず、あらゆる恩恵が相互の信頼関係からもたらされる」と。

どうも動機が不純な感じがしないでもないが、彼はロシアのプーチン大統領を「ロシア内外で尊敬されている人物」としており、「オバマと違って少なくともリーダーだ」と、微妙な褒め方をしている。

プーチン大統領のほうでも「トランプ氏には才能がある」と持ち上げているが、トランプ陣営が選挙宣伝用に製作したビデオの中には、柔道着姿のプーチンとＩＳの覆面男を一緒に映し出したシーンに、「ロシアは最大の敵である」という字幕を入れている。

このためロシア大統領報道官ドミトリー・ペスコフは、「ロシアを悪魔のように扱っている」と苦言を呈した。

「サダムがいい奴だったと言うつもりはない。
彼は恐ろしい奴だったが、
今よりも状態はマシだった」

トランプ氏は、イラク戦争に反対してきた。これまでのアメリカの中東政策には否定的である。

サダム・フセインは悪い奴だった。だが彼はテロリストを殺していた。テロリストにとってイラクは決して楽しい場所ではなかった。

「ところが」と、トランプ氏はＣＮＮの番組の中で言う。「今やイラクはテロリズムのハーバード大学だ」と。

「（現在、中東の人々の）状態はかつてなく最悪で、フセインやカダフィの時代より悪い。何が起こったか見てくれ。リビアは大惨事だ。大災害だ。中東丸ごと大災害だ」。そこで言いたいのは、「全部ヒラリーとオバマが台無しにしてしまった」ということだ。

ただ、二〇〇二年のラジオ番組では、「あなたならイラクに侵攻する？」と聞かれて、「するだろうね」と答えている。これでは、どのくらい本気でイラク戦争に反対していたのかわからない。

一方、友好国のサウジアラビアについては、「守りたい」とは言っている。だが、「守りたいが、彼らはいくら負担してくれるんだ？」

守ってやるなら、応分の負担は当然だろ、ということだ。

「われわれは一〇〇%イスラエルのために戦う。
否、一〇〇〇%戦う。しかも永遠に戦う」

他の国には、負担してくれなきゃ守れない、と突き放すトランプ氏が、イスラエルに対してだけは手放しで好意的姿勢を見せている。彼はイスラエルを、「アメリカの最も信頼できる友」と言う。そして、「イスラエルはユダヤ人の国家であり、永遠にユダヤ人国家として存在することをパレスチナは受け入れなければならない」とも述べている。

他国のリーダーに対しては毒舌を吐くトランプ氏だが、イスラエルの首相にだけは絶賛の言葉しか口にしない。いわく、「私はイスラエルを愛している」と。二〇〇四年にニューヨーク五番街で催されたイスラエル応援のパレードではグランドマーシャルを務めた。

またユダヤ系新聞「Jewish voice」によるインタビューでも、ユダヤ人の孫とユダヤ教徒の娘（夫がユダヤ系アメリカ人）がいて光栄だと答え、ユダヤ人コミュニティとのつながりの深さを示している。

だが、イスラム教徒の入国禁止を叫ぶトランプ氏には、ネタニヤフ首相は「イスラエルはあらゆる宗教を尊重する」と言い、リブリン大統領も「われわれはイスラムと戦争をしているわけではない」と言って、過激思想とイスラム教との区別を強調し、彼とは一線を画した。このためトランプ氏も予定していたイスラエル訪問を、自分が大統領になってから行く、と延期。

2　トランプが大統領になったら恥ずかしい？

「有権者の五〇%が、トランプ氏がわれわれの大統領になったら恥ずかしいと回答」

（米世論調査）

ある世論調査（米キニピック大学）では、ドナルド・トランプがアメリカの大統領になるのはエンバラストであると考えるアメリカ人が五〇％いるという。エンバラストとは、当惑する、きまり悪いといった意味だ。

これだけ右からも左からも白い目で見られている大統領候補も珍しいのではないかと思う。もっとも、その発言内容からすれば当然とも言える。日本だったら泡沫候補しか口にしない言葉を恥ずかしげもなくまき散らしているのだから。それに、彼のような特異な候補が高支持を集めれば、反対を叫ぶ不支持率が高まるのも当然である。

もし、絶対大統領にしたくない人を選ぶ「拒否投票」が行われたとしたら、トランプはダントツ一位で拒否票を集めるに違いない。

一方、ヒラリー・クリントンのほうも、トランプを笑ってはいられない。アメリカNBCテレビとウォール・ストリート・ジャーナルの共同世論調査（二〇一六年一月）によれば、四〇％のアメリカ人がヒラリーを「信用できない」としている。

トランプの五〇％にうなずく人はけっこう多いだろう。意外だと思う人のほうがかなり少数派だろうが、その数字と（別の調査とはいえ）一〇％しか違わない反ヒラリーの数字は、われわれにとっても驚きである。

「彼らは私の選挙戦が
ペテンだと思っているのか」

選挙戦の最中、ジョージア州でプライベートジェット機に乗り込む前に、トランプ氏が放った言葉だ。他候補たちはなす術を知らず、トランプの独走を許している。

「この選挙に勝つのは私だ。賭けてもいい」とも言っている。

トランプ氏の快進撃ぶりを見て、初めのうちは、「あんな知識も経験もない、大衆受けするばかりで内容がデタラメなたわごとを怒鳴り散らす奴なんか、脱落するに決まっている」と馬鹿にしていた候補たちは次第に焦り始める。盛んに行われたトランプ潰しもことごとく失敗する。

しかし、トランプという滅茶苦茶な候補の独走を許したのは、まさに彼らの魅力のなさにあったのである。今や、「オーノー、ウィー、クドゥント」の苦みを噛みしめているオバマは、登場した八年前には勢いとオーラに満ち、世界の耳目を集めていた。

史上初の黒人大統領候補の出現に、史上初の女性大統領候補も結局は太刀打ちできなかった。ヒラリーは、最高の機会に最強の敵を相手にするという不運に見舞われたのだ。

民主と共和の違いはあっても、八年前の予備選の主役はオバマであり、今回の主役はトランプである。相手が弱すぎる。共和党二番手だったクルーズは極右《きょくう》で、トランプ以上に危険とされたし、ケーシックは地味すぎた。いかんせん、いずれも役者不足だった。

「手が小さければ、
アソコも小さいに違いない」

この発言、表現が卑猥《ひわい》であると物議を醸《かも》した（FOXテレビ主催の討論会で、マルコ・ルビオ候補とのやりとり中に発言）。たしかに卑猥ではあるが、とくにあげつらうほどのことでもない、とるに足りない一コマである。とはいえ、品の悪さでは他の追随《ついずい》を許さない。

フロリダ州選出の上院議員マルコ・ルビオ氏が、「（トランプの）手が小さい」と言った。この個人攻撃（？）にトランプ氏は、「彼は私の手を糾弾《きゅうだん》した。私の手を糾弾する人間など、今まで誰もいなかった」と返し、両手を挙げて、「この手は小さいですか？」と聴衆に問いかける。会場からは笑いとブーイングが巻き起こった。アメリカでは、手が小さい男は一物も小さいという俗諺《ぞくげん》があるそうで、トランプは、「もし手が小さいなら別の『モノ』も小さいに違いない。だが私は保証する。アソコは何の問題もない」と言い放ったのだ。

ルビオがトランプの手について触れた真意はわからない。いずれにせよ、卑猥な話に引きずり込んだのはトランプ氏のほうで、そのため、それまでよりさらに品位を下げたと非難されるに至った（トランプとの「お下劣《げれつ》舌戦」でのイメージダウンがたたり、ルビオはこの十日後、撤退）。

大統領予備選の討論会でこんな下品な話をするトランプ氏はたしかにけしからん。だがそれがマイナスになる一方で、プラスにも働いてしまうとは……ああ。

「あの顔を見てみろ！
誰があんなのに投票するかね？」

この発言が、どういうシチュエーションでされたのか私にはわからない。仮にどこかで発せられたとして、そこにいた人間はこのトークにゲラゲラ笑うとか、何らかの（面白がるような）反応を見せたのかどうか。その場をイメージすることは、想像力に乏《とぼ》しい私には残念ながらできない。

いいように言われているのはカーリー・フィオリーナ。二〇一五年五月に、アメリカ大統領選挙に共和党から立候補することを表明した、候補の一人である。二〇一六年二月に大統領選からの撤退を表明し、三月には、テッド・クルーズ候補への支持を明らかにする。クルーズ氏も四月二十七日、フィオリーナを副大統領候補とすることを表明した。しかし、その一週間後には、クルーズ氏自身が米大統領選から撤退することになってしまった。

フィオリーナ氏は、一九九九年にヒューレット・パッカード社のＣＥＯに就任、翌年からは会長も兼務して、日本でも注目された女性だが、経営のほうは成功しなかった。極端な人員削減などでかえって会社を衰退させ、相当な悪評を浴びてその座を追われている。

海の向こうの、ライブで立ち会えない身としては、とやかく言うことはできないが、どう深く読もうとしても、スケベ親父がたちの悪いたわごとをわめいているとしか思えない。ふつうなら、ドン引きだと思うのだが。

「夫さえ満足させられないヒラリーが、
どうしてアメリカを満足させるんだい」

トランプ氏はこれまで、これでもかこれでもかと、不必要なほど著名な女性を揶揄《やゆ》し、物議を醸してきた。

いわく、

「ロジー・オドネルは粗野で無礼で不快で愚鈍だ」

「アンジェリーナ・ジョリーは魅力的になるためにたくさんの男と付き合ってきた」

「ベッド・ミドラーのみにくい顔と身体は目障《めざわ》りだ」

このような過去の言動がたたり、共和党討論会では、鋭い追及で人気のＦＯＸニュースのキャスター、メジン・ケリー女史から強烈なパンチを喰らった。

「あなたは気に入らない女性を『太った豚』『犬』『グズ』『不快な生き物』と侮辱しましたね」

一瞬身構えたトランプ氏は、「身に覚えがない」と笑い飛ばし、

「私は一〇〇％のポリティカル・コレクト（中立）ではない」

と反論したものの、ダメージは残った。

よほどそのことが気になったらしく、彼はその後ケリー女史を、「頭からっぽのお姉ちゃん」と呼び、彼女の番組への参加を拒否している。

「彼女がどこに行ったかはわかっている。
ああ気持ち悪い。　口にしたくもない」

オレだって口にしたくないよ、と突っ込みたくなるが、そんなことを言っていても仕方ない。これもエロ親父トランプの、とどまるところを知らない暴走シーンである。「彼女」はヒラリー・クリントン。テレビ討論会でトイレ休憩後、遅れて戻ったところへこれだから、ヒラリーもたまらない。

この後、彼は「いや、気持ち悪すぎる。言わないでくれ、ヘドが出る」とまくし立てている。

さらにトランプは、二〇〇八年の大統領予備選でクリントン氏がオバマ氏に敗れたことについても触れ、「彼女は勝つと思われていたのに、シュロングされた。つまり負けたってことだ」と言っている。シュロングとはユダヤ語で男性器のことを言うそうだ。ジョークにもならない笑えない話だが。

ヒラリーではなくても、女性への悪趣味な発言を、トランプはかなり面白がって多用している。二〇一五年の八月、例のFOXニュースのメギン・ケリー女史がトランプ氏に厳しい質問で迫ったことがある。これに対して、「あんな質問をぶつけてきたのは、彼女が生理中だったからかもしれない」とほのめかした。トランプがコケにする女性には、もしかしたら共通点があるのだろうか？

「オレがあいつらに
多額の寄付をしたから来たんだよ」

トランプ氏は三回結婚している。その何回目かの式に、米大統領選の有力候補者として並び立つことになる元国務長官のヒラリー・クリントンと、夫のビル・クリントン元大統領が夫婦そろって出席したことがあった。

そのことで問われたヒラリー氏は、「楽しい時間を過ごすためだった」と言い、ビル・クリントン氏は、「彼は人を楽しませる天才。彼の開催するものはいつもエンターテインメントだ」と、いずれも大人のコメントで返した。

それに対して、この、身も蓋《ふた》もない、トランプ氏のいわば大人げない発言である。セレブで超インテリのご夫妻は、きっとお行儀よく苦笑ですまされたのだろう。だが、本来なら無粋で、かっこ悪いはずのトランプ氏は、あっさり本音をさらけ出したことで、逆に好感度を上げたのではないかと思う。

不作法で笑えない、場を白けさせる低劣な発言が、さらりと、スマートに返したはずの紳士淑女のそれに、印象として勝ってしまったかもしれない。

逆に考えれば、こんな発言をして、「平気で本音を吐ける」として（マイナス点をはるかに超える）プラス点を稼げるトランプ氏の強さとは、前例なく、底知れない脅威にほかならないのである。

「ヒラリー氏とビル・クリントン元大統領がその地位を利用して巨額の富を築いた」

（ピーター・シュバイツァー）

二〇一六年五月十六日、フランスのカンヌ映画祭で、ヒラリー・クリントン氏を批判するドキュメンタリー映画「クリントン・キャッシュ」が初公開された。米選挙監視団体・GAIのピーター・シュバイツァー氏による同名の原作を映画化したもので、試写会に招かれた記者たちの記事やブログによると、映画は、クリントン夫妻の金にまつわる疑惑の数々を、証言を交えて描いているという。例えば、二人が設立したクリントン財団に寄付したり夫に巨額の講演料を支払うと、国務省から破格の便宜がはかられたというものだ。

具体的には、二〇一一年に米国内のウラン採掘権を有する会社がロシアに売却された際に起きた一件。この取引には国務省の承認が必要だったが、安全保障上きわめて重要な案件であったにもかかわらず、ヒラリー国務長官はすんなりと許可した。この直後、莫大な売却益を得たその会社から財団に二億五〇〇〇万円の寄付があり、さらに夫はモスクワに招かれて、わずか一時間半ほどの講演で五四〇〇万円の講演料を受け取ったというのだ。

他にも同様の手法で、財団に約二七〇億円の寄付が集まり、夫に約一〇八億円以上の講演料が転がり込んだと「クリントン・キャッシュ」は指摘する。

ヒラリー側は「でっち上げ」とするが、すでにワシントン・ポストなども夫妻の金がらみの疑惑を報じていて、個人攻撃が大好きトランプ氏の格好の材料になること必至だ。

「ヒラリーは信じられないほど意地が悪く、卑劣なことをやってのける。彼女は女性たちに恥ずべきことをした」

共和党指名のライバルだったテッド・クルーズ上院議員とオハイオ州知事のジョン・ケーシック氏を追い落としたトランプ氏は、二〇一六年十一月の大統領選本選に向け、ヒラリー・クリントン前国務長官に対する新たな個人攻撃を開始した。

彼は、オレゴン州ユージーンでの集会で、ヒラリー氏が夫のビル・クリントン元大統領の不倫相手だった女性たちにひどい仕打ちをしたと発言。根拠は挙げずに集会の参加者に、「ヒラリーがビルの不倫相手たちにどんなことをしたか知っているかい？」と尋ね、「ヒラリーは夫の不倫相手の人生を破壊した」と決めつけた。

彼がビル・クリントン氏の不祥事に触れたのは、これが初めてではない。まだ泡沫候補だった二〇一五年十二月にも、ホワイトハウスのインターンだったモニカ・ルインスキーさんとビル氏の情事は、大統領選の格好の話題になるだろうと予言していた。

集会ではヒラリー氏の副大統領として取りざたされているエリザベス・ウォーレン上院議員も標的となり、「ヒラリーよ、のろまなウォーレンと組むがいいさ。打ち負かすのが楽しみだ」と挑発するに及んだ。

これに対しヒラリーも反撃、ＣＮＮで「トランプは危険人物」とバッサリ、返す刀で今後トランプの「所得隠し疑惑」を追及すると発言。

「ヒラリーが共和党の政治家であればよかったのに。残念なことだ」

（ヘンリー・キッシンジャー）

共和党の関係者はみな、トランプの大躍進に溜息をついている。彼らは、クルーズ氏ら他の候補たちの力不足、魅力不足にも失望感を抱いていたに違いない。五十年近くも前から、国際政治の表舞台でその名を馳せたヘンリー・キッシンジャー（九十三歳）も深く失望した一人であることを知って、正直驚いた。

ニクソン政権からフォード政権ではつねに枢要な役割を担い、米中国交回復を実現させ、ベトナム戦争を終結に導いた。最近ではジョージ・ブッシュ政権の指南役としても活躍しているが、何世代も何世代も前の時代の伝説的人物であることも間違いない。

共和党政権の重要な仕事をし、共和党を支持し、党に所属してきたこの重鎮は、乱暴で無知らしいトランプ氏の躍進を苦々しく思い、他に候補者らしい候補者を探したが、民主党のヒラリー・クリントンしかいなかった、という悲しいお話である。

スケールの大きい国際政治に力を発揮してきたレジェンドにとってトランプは、恥ずかしいだけでなく、国際的な視野をみじんも持たず、世界に背を向けようとしている、あり得ないリーダーであろう。

ただ、トランプ氏に対しては正しい評価をしたかもしれないキッシンジャー氏が、ヒラリー・クリントン氏に対しても真っ当な評価をしたと言えるかどうかは少々疑問である。

「ヒラリー・クリントンは、近代史上最も能力の高い大統領候補である」

（ニューヨーク・タイムズ）

これはまた何という大賛辞であろうか。

世界の大新聞が、最大級の賛辞を呈した大統領候補とはいったいどんな人物なのか。彼女が有能な人物であることは確かである。民主党候補として今回の大統領予備選は、ほぼ順調に、安定した戦いぶりを見せている。だが、盤石とは言えない。勢いも熱気も今ひとつである。

大統領夫人の時代から、ヒラリーは夫を圧する存在感を漂わせていた。初の女性大統領という鮮烈なデビューを飾るべく、道は着々と開かれていったかのように見えた。

しかし前にも記したように、彼女は不運であった。満を持して臨んだ好機、旬《しゅん》と言ってもいい時期に、オバマという最強のライバルが現れた。結局デビューは八年も遅れ、新鮮味が薄れた。今や賞味期限さえ危なくなっている。私用メール問題などいろいろと国務長官時代のホコリも出てきて、クリーンなイメージも薄れている。支持者の熱もかなり冷めかかっている。依然強い候補ではあるが、勢いはなくなっているのだ。

ニューヨーク・タイムズはトランプ氏を酷評、「経験もなければ、安全保障や世界規模の貿易について学習することへの興味もない」としている。どうやらトランプ潰しのためのクリントン絶賛のようだが、こうしたやり方がかえって墓穴《ぼけつ》を掘っている。

「お前はクビだ！」

　これは、トランプ氏が製作に関わり、出演もした、NBCの人気テレビ番組「ジ・アプレンティス」で、最後に彼が言う決めゼリフである。流行語にもなった。

　応募者から選ばれた十数名の見習い（アプレンティス）が、司会を務めるトランプ氏の会社で働き、本採用を目指すという設定で、見習いにはさまざまな難題が課される。毎週見習いたちは苦労しながら課題に取り組み、番組の最後にトランプ氏が脱落者に「お前はクビだ（You're fired.）」と宣告する。取り組む課題は現実そのもので、こういうのをリアリティ・ショーと言うらしい。勝つのは一人きりのサバイバル・ゲームだから、参加者は大変である。当然足の引っ張り合いもある。

　番組出演期間中に大統領選への立候補を決めたトランプ氏は、選挙戦の初めから、暴言を吐きまくった。その結果NBCは、「ドナルド・トランプによる移民に対する軽蔑的な発言を受け、NBCユニバーサルはトランプ氏との事業提携を終えることになりました」と発表。トランプ氏自身が、「お前はクビだ」と宣告されることになった。

　この番組、トランプ氏の演技（？）はなかなかのものだったようで、語りの間がよかったという評もある。現実の選挙演説でも、熱くなって暴言を吐いているのが、実は計算し尽くされたシナリオによる演技なのかもしれない。

3　日米の絆、日米同盟の行方

「私が大統領になった暁には、
中国による為替操作やいかさまの日々を
終わらせる」

中国のやり方は時に強引であり、知らぬ顔の半兵衛を決め込み、唯我独尊の突っ張りを押し通す。彼らは、為替操作やハッキングを自分たちがやったとは認めようとしない。ニセディズニーのキャラクターが野放しになっていても、最後まで、責任逃れを続ける。ぬらぬらと逃げる中国に対し、米政府は有効な対処法を見つけ出せない。軍事大国アメリカも、締め上げれば必要以上に平伏する日本と勝手が違い、中国のような国は苦手なのか。トランプ氏は、大統領に就任したら、初日から中国を「為替操作国」に指定すると息巻く。勇ましいトランプの宣言からしたたかな中国に勝てる秘策が出てくるだろうか。「中国はアメリカの雇用とカネをかすめ取っている」。トランプはそうも述べている。メキシコや日本、その他多くの地域からも仕事を取り返し、「われわれのお金を取り返す」としている。

同じ会見の場で、例によって「私は中国のことは大好きです」とも言うトランプ氏。中国から来た世界最大の商工銀行の米国本部はトランプ・タワーの中にあると言い、「私は彼らが大好きです」と……。が、続けざまにこう言い立てた。「彼らの指導者たちは私たちの指導者たちよりもはるかに、うんざりするぐらいうまくやっている。彼らはあらゆるものを作り変えている。彼らはわれわれを殺そうとしているが、私は彼らを撃退する」。

「（中国が日本やフィリピンの船を沈めたらどうするか、って？）
相手に考えを知られたくないから
答えない」

二〇一五年九月三日のラジオ番組に出演したトランプ氏は、司会者からの問いに答えてこう言った。

彼はまた、尖閣《せんかく》諸島を中国が占領した場合、どう対応するかとも聞かれているが、同じように、「答えたくない」と述べた。

答えないことでトランプ氏は、もう一つのことを言いたかったのだ。「『これをする』『ここを攻撃する』と言ってしまうのがオバマ大統領の悪いところだ」と。だからオバマはダメなんだ。それがオバマ外交の愚かな点であると。

たしかにオバマ大統領の対外行動には、馬鹿正直な面があるなど、批判されても仕方がない拙劣な部分がなきにしもあらずだ。トランプの指摘は致命的な点を衝いているかもしれない。

だがオバマ氏にしてみれば、トランプなんぞには言われたくない、と言いたいところでもあろう。不手際もあろうが、オバマの八年は苦難の連続であった。思うような政策として実行できなかった陰には、ことごとく阻止し、潰そうとした、議会の多数派共和党の存在があった。アメリカの大統領政治システムでは、革新的な人物が望まれるにもかかわらず、その革新性を貫くのがきわめて難しいという構図になっているように見える。

「もっと同盟国に
お金を払わせたいんだ」

米大統領予備選におけるトランプ氏の発言は、大ざっぱに括《くく》ると三種類ある。一つは聞くにたえない毒言、卑猥な言葉、罵倒など、二つ目は人種、民族、女性などへの差別的発言など、三つ目は内外に向けた政治的な発言、この三つ目で頻繁に語られるのがお金の問題である。

なぜか今、世界中が経済的に窮地に陥っているのではないかと感じられるほど、至るところで危機がささやかれている。財政破綻のギリシャをはじめとするヨーロッパ、ブリックスの優等生だったはずのオリンピック開催国、アベノミクスが成功したと言い張る国に根を張る貧困と国家の大借金。それに比べアメリカ経済がとくに悪いわけではないが、実業家候補トランプ氏は相当不安を感じているらしい。

この発言は、二〇一六年二月二十五日、テキサス州で行われたテレビ討論会でのもの。彼は、「日本、韓国、ドイツなどすべての同盟国を守ることはできない」と言い、これらの国はみなアメリカ軍の力によって守られているのだから、彼らはもっと多く、守られるための応分のお金を払うべきだ、と説明。

以後、トランプ氏は、在日・在韓米軍の駐留費用負担の増額を求める主張を繰り返しているのである。

「在外米軍を撤退させれば何百万ドルも浮く」

米軍は世界中に基地を展開している。二〇一一年九月末のデータでは、一四八カ国・地域に駐留しており、これにはイラク、アフガニスタンの実戦部隊は含まれていない。最も駐留人数が多いのはドイツで五万八〇〇〇人余り、日本が三万八〇〇〇人余り（これには横須賀に母港がある第七艦隊が含まれていないので、実際には一万人ほど多くなる）、韓国が二万四六〇〇人余りで、あとは一万人未満である（台湾、イスラエルには派遣していないが武器は供与している）。

トランプ氏は事あるごとに、世界各地に展開する在外米軍が大きな財政負担になっていると主張する。それは事実だが、その経費は今後も徐々に減っていくだろうし、一気にゼロにできるとはトランプ氏自身考えていないだろう。狙いは再三彼が口にしているように、駐留経費を同盟国に払わせようということだ。

だが、日本はかなり負担している（総額の七五％）。それに、日本に基地が多く、駐留米軍兵が際だって多いからといって、その全軍が日本を守っているわけではない。対中戦略の中で、日本は防衛上重要な拠点であり、アメリカ自身にとっても、おいそれと撤退するわけにはいかないのである。ただ、日本がトランプ氏の要求を拒否した場合、全軍引き揚げの可能性はゼロではないし、そうなれば同盟自体がゆらぐことになる。

「米軍の駐留経費を全額負担しなければ撤退させる」

二〇一六年五月三日、共和党の候補指名を争っていたテッド・クルーズ氏がトランプ氏に大敗して撤退を決め、続いて立候補していたオハイオ州のジョン・ケーシック知事も撤退を表明した直後、トランプ氏はCNNのインタビューで、日本や韓国などの同盟国は、駐留米軍の経費を全額負担すべきだと述べた。

それまでもトランプ氏は、米軍駐留経費を負担するよう求めてきたが、それらは、負担が少ない、増額せよ、というものであったのではないか。だが、今や全額負担せよと言っているのだ。

お金を払わないのだったら撤退だ、ということはそれまでも言ってきた。ただ、「全額負担しなければ撤退させる」と、決定的な要求を明確にしたのは、これが初めてだろう。

「韓国は在韓米軍の人件費の五〇%を払っている」というインタビュアーの言葉にトランプは、「人件費の五〇%？　なぜ一〇〇%ではないのか」と吠えた。

不動産王ドナルド・トランプは、かつて相手の窮状《きゅうじょう》につけ込んで、安値で買いを徹底的に出し続け、ついにはその最高の物件を手に入れて、大儲けしたことがある。相手を見、機を見て思い切った高値、低値を出し、投機的利益を得る手法は得意技なのかもしれない。

しかし問題は、そのような手法が国際政治の場で通用するかどうかだ。

「米国が多額の借金をしてまで世界の警察官を続けることはできない」

なるほど約一九兆ドルの借金を抱えるアメリカにはもはや財政的な余裕はない。「かつてアメリカは大変強く、大変豊かな国だったと思うが、今は貧しい」とトランプ氏は言う。だからもはやアメリカは、世界の軍隊をもって任じたり、世界の警察官を演じたりする余裕はないと言うのだ。

「米国は世界の警察官ではない」というのは、オバマの言葉でもある。彼は、北大西洋条約機構（ＮＡＴＯ）加盟のヨーロッパ諸国に対して、防衛支出の増加を求めてきた。

全駐留経費を負担せよというトランプ氏の要求は限度を超えた常識外れのものだが、そこに至るロジックの流れは十分想定し得るもので、理解できる部分がないわけでもない。ただ、事実認識には大いなる誤りがある。

繰り返すが、在日米軍は日本だけを守っているのではない。中国や北朝鮮の脅威から自国を守るためあえて軍隊を日本に展開させているという側面だって存在する。もちろん、地政学的にロシア、中国、北朝鮮と近接している日本にとっても、無防備でいいわけはないが、プライオリティが必ずしも日本にあるわけでもないのだ。

要求に屈し、日本は全額を負担するかもしれない。これまでも金で解決してきた。そして、かつて湾岸戦争時に、お金は出すが血は流さないと非難されたのが日本である。

「もう一度言う。
借金を二二兆ドルに押し上げてまで、
世界の警察官をやることはできない」

二〇一六年五月十九日、石原慎太郎元東京都知事は、亀井静香代議士とともに東京都内で記者会見し、トランプ氏に対して会談を申し入れたことを明らかにした。

「世界の警察官をアメリカはやめるとトランプ氏が言っていることを確認する」ことがその目的で、十六日付けで、トランプ氏に意見交換の申し入れ書を送付したという。

文書は「日本に対する本質的な理解を欠いており、世界のために著しく危険」とする内容で、席上石原氏は、

「日米安全保障条約を不公平と主張するトランプ氏はあまりに日本を知らない。なめたらあかんぜよ、と言いたい」

「人間の歴史というものは白人が有色人種を虐《しいた》げた歴史なんだ。私はトランプさんの発言にも（そうした思い上がりを）感じます。アメリカにとって一番大事なのは日本だということをわかってほしい」と述べた。

続いて亀井氏は、懐《ふところ》から花札を取り出し、「トランプには花札で勝負したい（爆笑）。TPPに反対していることは大歓迎でありますが（笑）」。

トランプ氏からはさっそく、次のような返事が届いたという。

「君たちの経歴を知りたい」。実現すれば日米暴言王対決か。

「もし誰かが日本を攻撃したら、
われわれは即座に第三次世界大戦を始める。
いいか？　だがもしわれわれが攻撃を受けて
も、日本は私たちを助けなくていいんだ」

同じ趣旨だが、トランプ氏はこういう言い方もしている。

「もし日本が攻撃されたら、アメリカの若者は直ちに助けに行かなければならない。もしわれわれが攻撃されたら、日本は見ているだけでいい。これが公平な取引か？」

これらは今回の大統領選での発言だが、次は二十六年前、すなわち一九九〇年の発言だ。

「日本は石油の七割近くを湾岸地域に依存しているが、その活動は米軍が守っている。日本は米軍に守られて石油を持ち帰って、アメリカの自動車メーカーを叩きのめしている」

「アメリカの優れた技術者はミサイルを作って日本を守っている。そのおかげで金儲けしている日本にコストを弁償させるべきじゃないか」

トランプ氏が、とくに日本に対して攻撃的な姿勢を示す最も大きな理由はここにあるのではないか。日米安保条約の片務性は明らかである。アメリカは日本を防衛する義務を負っているのに、日本はアメリカ防衛の義務を負っていない。たしかにこんな不公平なことがあるだろうか（片務性は、実はアメリカの希望なのだが……）。

なぜそうなのかと問われても、われわれ日本人には相手を納得させる答えをすることはたぶんできない。二十六年も前から日本に感じていたわだかまり、怒りが原点だとしたら、彼の日本攻撃をうまくかわすことはできないかもしれない。

「日本を甘く見るな、もし日本が戦えば、とんでもないことになる。彼らは一瞬で北朝鮮をやっつけるだろう」

二〇一六年四月二日、トランプ氏は以下のように述べた。

「われわれは日本を武装させたくないが、巨額の金を失い続けたいとも思わない。率直に言うと、北朝鮮に対しては、自分たちで身を守れということだ」

敵を攻撃できる軍隊を持たない日本だが、戦後七十年を経てなお、その間一切の軍事的行動を起こさなかった日本に対して強い警戒感を持ち続けている一部アジア諸国と同じように、トランプ氏も日本に秘められた力があると本気で思っているのか。

もちろん、北朝鮮軍が見かけ倒しで、攻撃力、戦闘力も評価していないということなのでもあろう。

実はトランプ氏自身は、日本が北朝鮮を脅威としようが、北朝鮮が日本に叩きつぶされようがどうでもいいことだと思っているのではないか。

それよりも、「狂気じみた北朝鮮が何かするたびに米国は艦船を派遣するが、事実上、米国が得るものは何もない」（二〇一六年三月十日のフロリダでの演説）ところに大きな問題があると考えているのだ。

ただ、トランプ氏のこうした日本観には、かつての日米経済摩擦のときの、強い日本カンパニーの印象が影響していることは間違いない。

「金正恩は頭がおかしいか、天才」

トランプ氏は、アラバマ州バーミンガムのラジオ放送局の番組「マット・マーフィ・ショー」に出演し、北朝鮮の金正恩労働党委員長について、「頭がおかしい」か、「天才だ」と述べた。（金氏がよほど嫌いなのか彼は以前にも金氏を、「こいつは悪い独裁者野郎」と表現したことがある）。

しかし例によって今回も、なぜ金氏が頭がおかしいのか、天才なのかについては具体的に言及しなかった。

さらに番組では、

「朝鮮半島で緊張が高まるたびにアメリカは軍艦を送らなければならない」

として、韓国の安保ただ乗り論を再び展開。

そして、

「韓国は立派だ。私事で恐縮だが、テレビを四〇〇〇台注文したんだ。そうしたらどうだ。サムスン、LG、シャープ（実際は台湾企業）など、製品はみな韓国から来る。彼らはアメリカから莫大な金を得る」

「それなのに米軍は彼らを守っている。しかし、米国が得るものは何一つない。話にならない、愚かなことだ」などと述べた。

「金正恩氏と会うことに
何の問題もない」

二〇一六年五月十七日、トランプ氏はロイター通信社のインタビューに応じ、北朝鮮の金正恩労働党委員長と会談する用意があると述べた。オバマ政権の北朝鮮孤立化政策を転換し、核開発を放棄させるのが目的だという。

マンハッタンにそびえる「トランプ・タワー」の二十六階で行われたインタビューでトランプ氏は、「私は金正恩氏と話をしたい」「会うことに何の障害もない」などと語り、米朝首脳会談開催に期待を寄せた。トランプ氏はさらに、

「同時に中国にも圧力をかける。経済的にわれわれは中国に対して大きな力を持っている」

「中国ならば、電話一本で北朝鮮の核問題を解決できるはずだ」と述べ、北朝鮮問題の解決には中国の協力が不可欠との認識も示した。

トランプ氏は過去にも、

「北朝鮮問題を解決できないならば、中国を潰してしまえ」

「中国が援助を中止すれば北朝鮮人はメシも食えないんだ」

と発言し物議を醸している。

これに対して北朝鮮当局は、「票目当てのパフォーマンス。提案には何の興味もない」と一蹴。やはり「悪い独裁者野郎」発言がたたったか。

「われわれがこのまま弱体化を続けるなら、
私が議論するかどうかとは無関係に、
日韓は核兵器の保有を望むようになるだろう」

金正恩体制になって、北朝鮮はますます挑発的な姿勢を見せるようになった。世界の非難をよそに核開発を続けて核保有国となり、水爆実験も行ったとしている。

二〇一六年三月二十六日のニューヨーク・タイムズのインタビューでトランプ氏は、記者の「(北朝鮮は何をしでかすかわからないから)日本は米国に頼ってばかりはいられなくなり、自分たち自身の核兵器を必要とする可能性もあるのでは?」の問いに対して、「とくに北朝鮮の脅威についてはは本当にその通りだと思っている」と答え、「彼らは中国とイラン以外には誰に対しても攻撃的で、とくに日本には攻撃的だから」としている。

「日本が核を保有することはそんなに悪いことではない」

とも言っており、さらに韓国の核武装を容認する考えを示している。

しかし北朝鮮問題は、トランプ氏が考えている(だろう)ほど簡単ではない。そうなる可能性はきわめて低いが、もし彼の言うようにアメリカが朝鮮半島と日本から自国の軍隊を引き揚げさせ、日韓が核武装したとき、緊張は一気に高まり、核の使用にまで発展しかねない。そのとき、崖っぷち北朝鮮のやり方次第では、どちらかの国が一つなくなり、さらなるパニックが半島、否、世界を襲うことになる。

「日本には自分たちの手で
自分の身を守ってもらうしかない」

それでは、トランプ氏が認める日本の核武装の可能性は現実にあるのか。

実は日本政府は、これまで、核保有の可能性は否定されていないとしてきたのである。憲法九条は自衛のための必要最小限度を超えない限り武力の行使を認めている。この範囲にとどまる限り核兵器の開発、保有は可能というのがこれまでの政府解釈である。

トランプ氏がこの日本の見解を知っているかどうかは定かではない。だが、実は日本政府は、平成十八年九月に、非公式に「核兵器の国産可能性について」という内部文書を作成している。

それによると、「小型弾頭の完成までに最低三年から五年」としていて、具体的な予算や科学者の人数も計算しているのだ。

仮にトランプ〝大統領〟が誕生して、米国が一方的に日米安保条約を破棄して、米軍を撤退させたとしよう。そこで、中国軍が尖閣を奪うという予想された事態が起きる可能性は一気に高まる。

そのとき、日本が採り得る現実的な選択肢は自主防衛だけとなる。核保有というシナリオも現実味を帯びてくるのだ。そうならないことを祈るばかりだが、トランプ〝大統領〟が日本の保守政治家に歓迎されるのもむべなるかな、だ。

「あんた、真珠湾を知っているか？
連中は日曜の朝に卑劣な攻撃を
仕掛けてきたんだ」

これに続けて彼は、「日本が最初に攻撃したからオレたちは原爆を落としたんだ」と言っている。二〇一五年十二月、支持者を前にしての発言だ。

二〇一六年五月に行われたオバマ大統領の広島訪問は、アメリカ国民の間に根強い原爆投下正当論支持者を刺激しないよう、腫《は》れ物に触るように準備された。実際、国民を刺激せずに、その日が迎えられ、関係者は胸をなで下ろした。

こうした原爆正当化の考えは、最近でこそ漸減《ぜんげん》する傾向を見せているが、とくに中年以上の世代では、依然圧倒的な支持を得ている。今回も、「オバマが広島に行くなら、安倍を真珠湾で謝罪させろ」という声が一部で上がっている。

トランプを応援するバスケットボールの米国人コーチ（名将と言われる人だ）は、トランプ氏を横に、「トルーマンは日本に、勇気を持って原爆を投下し、数百万人のアメリカ人の命を救った。きっとこのトランプも同じことをするだろう」と言って喝采《かっさい》を浴びた。

日本軍がほとんど壊滅状態にあり、米政府内でも大多数が日本の降伏を確実視する状況で、あえて二発の原爆を立て続けに落とさねばならなかった理由が、トルーマンにはあったのだろうか。ただ、アメリカ国民が認めているのは、アメリカの決定は絶対に正当でなければならない、という一点である。

「彼ら（日本）は、一〇〇万台以上の日本車を送ってくるが、われわれはどうだ？最後にシボレーを東京で見たのはいつだ？」

これに続けてトランプ氏は、「アメリカ車など存在しませんよ」と吐き出し、「彼らはいつもわれわれを打ち負かしてきた」と結んでいる。

かつて自動車産業はアメリカ国民の誇りだった。長い間アメリカ人は、日本の自動車が自国の自動車より優れているなんてことはあり得ない、と固く信じていた。メイド・イン・ジャパンはある時期まで、価格は安いが品質は劣る、のが相場であった。

だから日本産の低価格の自動車も、一段劣るものという認識があったと思う。ダンピングという指摘もあった。しかし、日本の企業経営者の勤勉で創造的な努力は、やがて高品質で低価格の商品を市場に供給するようになった。

トランプ氏は盛んに、日本の円安誘導政策によって米国製品が売れなくなっていると言うが、むしろ逆に、日本は長い円高の中で必要以上の苦難を強いられてきたと言ったほうが正しいのではないか。

トヨタをはじめとする日本自動車メーカーは、高品質の製品によって顧客をつかみ、円高の圧力を受けながら、驚異的とも言えるコストダウンの実現によって世界で市場を広げたのである。重要なことは、日本車がアメリカの消費者に選ばれたということであり、技術革新を怠り続けてきた企業が打ち負かされということだ。

「もし日本がネブラスカ州の牛肉に三八%の関税をかけるのであれば、われわれも日本車に同率の関税を請求するつもりだ」

ネブラスカ州は広大な農牧地を抱える、代表的な農業州である。米国内でも二番目に牛肉生産が盛んな土地である。

日本向けの牛肉には現在三八・五％の関税がかけられているが、トランプ氏が反対を表明しているTPP（環太平洋パートナーシップ）協定が発効すると、関税は一〇％以上引き下げられ、最終的には九％にまで下がる。彼が、「日本はひどい、こんな高い関税をかけて国産の牛肉を守り、アメリカ産牛肉を売れなくしている」とばかりに広げて見せた実例は、この先、かなりアメリカ有利に変わることになっている。最終的には三〇％近くも安くなり、大打撃を受けるのは日本の畜産農家のほうだ。

その、今まで高かった牛肉の関税の仕返しとして、日本車に同じ関税をかけてやると言って、ヤンヤの喝采を浴びる。が、これもトランプの思い込み、完全な事実誤認だ。それに、彼はあたかも日本からの輸入車にほとんど関税がかかっていないように言うが、アメリカは日本車に二・五％の関税をかけ、人気の日本製ピックアップトラックには二五％もかけている。逆にアメリカが日本に輸出している自動車は関税ゼロということだ。

全体で見れば、日本よりもアメリカに高関税が残されているという事実があることを、彼はもっと正確に知っておいたほうがいい。

「私は孤立主義者ではないが、
〝米国が第一〟だ」

彼は自分の外交方針について、こう語っている。米国第一とは、米国が損になるようなことはしない、米国のためにならないことはしない、ということである。結果としてそれは、やはり孤立主義になるのではないか。

トランプ氏はモンロー主義だという指摘がある。簡単に言えば、私は干渉しないから、あなたも干渉しないでほしいという関係の作り方である。

第一次世界大戦後の一九二〇年、米大統領ウッドロウ・ウィルソンの提唱で発足した国際連盟に、アメリカ合衆国は加盟しなかった。米国第一と考えた国内の総意は非加盟と決定したのである。アメリカでは時として、このようなねじれともいうべき結論が出されることがある。

逆もある。例えば、遺伝子組み換え食品の開発に積極的なアメリカは、科学的に証明された自分たちの食品をなぜ認めないのかとばかり、押しつけがましく売り込んだりする。ヨーロッパでは遺伝子組み換えは認知されていないし、日本でも認められていないが、アメリカ人は自分たちが正しいと思うと、認めない相手を不当と決めつけるのである。

アメリカがリードして交渉を進めたＴＰＰ協定を、トランプ氏は認めない可能性が高い。オバマ政権で国務長官を務めたヒラリー・クリントン氏も反対に転じた。

「アメリカ社会のやっかいなことの一つに
握手という習慣がある」

トランプ氏は潔癖性で、つねに手をきれいにしなければ気がすまない、と彼の「自伝」にある。手を洗った後はとてもいい気分になり、人よりも多く手を洗う習慣が身についているという。あるとき彼は、医学誌で、風邪《かぜ》や他のいろいろな病気が握手によって広がる可能性があると報告されていることを知り、以来、この説明を信じるようになったらしい。

だが有名人の彼にとって握手は避けがたく、有名になるほど求められる回数が増える。中にはトイレに行って手も洗わない人が、にこやかに握手を求めてくることもある。まったく初対面の人と握手すべきか、断るべきかは悩ましい問題だ。

一つの解決法は、握手した後、席を立って手を洗い直すこと。だが必ず次の人が寄ってくる。断れば相手のプライドを傷つけるかもしれないし、その後一生、トランプという奴は握手もしてくれないいやな奴だと思われるかもしれない。

一方で、レストランで食事しているときの握手には効用もあると、トランプ氏は考えている。誰かと握手した後に彼がパンを食べることは決してないので、食べる量が減り、健康にいいというわけだ。

これは、経営者だった頃に著した著書に書かれたことだが、大統領に立候補した彼はさぞ多くの握手にひそかに悩まされていることだろう。

「日本人はいい。彼らは挨拶するとき、お互い少し離れて立ち、礼儀正しく、とても美しいお辞儀をする」

握手という習慣に悩まされるトランプ氏にとって、握手の習慣を持たず、礼儀正しくお辞儀をする習慣を持つ日本人はとても好もしく映るようだ。

トランプ氏をよく知る日本人の話では、彼は決して日本嫌いではないということである。このお辞儀についての発言にも皮肉っている様子はないので、彼が日本に対して幾分か持っている好感を示すものと見ていいのではないか。

「（この古くからある日本の習慣は）たぶんはるか昔、私のように、病原菌を嫌う潔癖性の人間によって発明されたのではないかと思う」と彼は自著に書いている。

「今でも、このような礼儀正しい挨拶をするのは、とてもスマートで賢いと思う。私はアメリカでもこのような習慣を取り入れてほしいと思っている。事実、しばしば握手を廃止するよう新聞広告を出そうかと思ったりするくらいだ」

そしてトランプ氏は、「なぜ私が握手を嫌い、個人的に避けているのか、その本当の理由を知る人はほとんどいない」「読者の皆さんが私のことを本当に気に入ってくれたなら、レストランであろうとどこであろうと、どうか私に近づくときには、手を差し出さないでお辞儀をしてほしい」と訴えている。そのときは、「私もお辞儀を返し、その配慮にとても感謝するだろう」。トランプ氏の訴えにどれだけの読者が応えたかは定かではない。

「ワシントン・ポストとニューヨーク・タイムズが、私が日本を核武装させようとしていると報じているが、ウソだ。

私は日本が好きだ、防衛してやってもいい」

地元ニューヨーク州の集会での発言だ。

トランプ氏はニューヨークのマンハッタンで事業を広げてきた。しかしバブルの最中、三菱地所がマンハッタンのビルというビルを買い占めたことがあった。とくにアメリカのシンボルとも言うべきロックフェラーセンターを買収したときは大騒ぎになった。「日本がアメリカの土地を自分のものにしてしまう」とアメリカ人の誰もが危機感を募らせたものだ。

最近も三菱地所は、開発を自画自賛するようなCMを流しているが、当時は日本人も「アメリカが怒るんじゃないか」と冷や冷やしたものだ。

金儲けのライバルだった日本人をトランプ氏が嫌っていたのは理解できる。だがそれ以上に、トランプ氏が自身の外交政策を語るとき、まず日本を槍玉に挙げるのは、「アメリカは日本に盗まれかけた」というトラウマを消し去ることができないからなのかもしれない。

ところが二〇一六年五月以降、異変が明らかになった。トランプ氏が外交政策を述べるとき、中国や北朝鮮やメキシコの話は出しても、日本の悪口を言いふらさなくなったのだ。

ワシントンの分析家たちが言うように「日本が（現実を認め）トランプ氏と接触し始めた」のか、それとも大統領就任後を意識してさすがに慎重になってきたのか。

4　父、家族、女

「成長する過程で私に最も重要な影響を与えたのは、父フレッド・トランプだ。父からは非常に多くのことを学んだ」

子供の頃から苦労し、苦学して建築を学び、腕一本で叩き上げ、建設・不動産事業で成功を収めた父フレッドを、ドナルド・トランプは尊敬している。

フレッドの父親は彼が十一歳のとき他界し、三人姉弟の二番目で長男だったフレッドはすぐに果物屋の配達、靴磨き、建設現場での木材運搬など何でも仕事をして、お針子として働き始めた母エリザベスを助けた。

建築を志し、夜学に通って大工仕事と図面の見方、見積りを学んだフレッドは、十六歳にして最初の建築、車二台を収容できる枠組構造の木造ガレージを造った。これは、若い大工が受注仕事を得られる可能性のある、いわば隙間産業だったのではないか。

当時は、中産階級の人々が車を持ち始めていた頃だが、ガレージ付きの家はほとんどなかった。トランプの父フレッドは、新しい需要を掘り出す眼を持っていたのである。

間もなく彼は、プレハブのガレージを建設する新商売を始め、軌道にのせた。

腕のよい一流の職人となり、需要を見出す才覚にも恵まれることとなった父フレッド・トランプから、ドナルドは「この厳しい業界でいかにたくましく生きるか、どうすれば人を動かせるか、効率のよい仕事のやり方、いかにして取りかかり、やり遂げ、しかもそれをうまくこなし、手を引くかについて」学んだと言っている。

「父は夜学で学んだ知識と基本的な良識とを組み合わせて、ほとんど教育を受けていない仲間の大工たちに、仕事の手っ取り早いやり方を教えた」

ドナルド・トランプの父フレッド・トランプは、高校は卒業したが大学に進むことはまったく考えていなかった。

十六歳にして新商売を軌道にのせたとはいえ、家族を養うためには、若くキャリアの浅い彼は現場仕事をきちんと身につけなければならなかった。高校卒業後はニューヨーク市の外れ、クイーンズ地区の住宅建設業者のもとで、大工の助手として働き始めた。

「父は他の職人より腕が立ったし、その他にも有利な資質を持っていた。まず第一にめっぽう頭がきれた。今でも五桁の足し算を間違わずに暗算することができる」

大学へは行かなかった父親だったが、夜学で学んだ知識を十分に吸収し、そこに含まれた実用的な知識をも吸収し、理解した。そして、知識を生かして、正しく、より効率的な仕事の方法をつかんでいった。

仲間に教えたやり方には、例えばスチール製の直角定規《じょうぎ》を使って、たるきを組む方法などがあった。

ドナルドが父について書いた記述によれば、父親は学んだことを成果に生かし、自分の技術やノウハウを高めながら、自分だけのやり方として仲間への優位を保とうとするのでなく、ノウハウを共有して、全体を高め、事業に貢献した優秀な職人であったという。

「人生で一番大切なのは、自分の仕事に愛着を持つことだ。何かに熟達するにはそれしかないんだから」

（フレッド・トランプ）

トランプの父親はつねに向上心を持ち、仕事に没頭したという。仲間の職人たちのほとんどは、仕事があるというだけで満足してしまって、それ以上を目指そうという意欲などは持ち合わせなかったが、フレッドは、働きたいと思うだけではなく、いい仕事をしたい、腕を上げたいと思っていた、とトランプは言う。

物心ついた頃から、トランプがよく父親から聞かされたのが上掲の言葉である。彼の父は本当に仕事が大好きだったのだ。

フレッド・トランプは高校を卒業して一年後に、クイーンズに初めて自分の物件として一戸建ての家を建て、建築費五〇〇〇ドル弱の家を七五〇〇ドルで売却する。第一次世界大戦後の好況で労働者階級のための低価格住宅が売れ、その後富裕層向けの邸宅を売って事業を拡大する。大恐慌が始まり住宅市場が冷え込むと、倒産した住宅金融会社を買い取り、一年後にそれを売って利益を上げる。次にはスーパーマーケットを建てる。時代の先端を行くこの事業は成功するが、一年足らずで店を売り、再び建築業に戻る。大恐慌後、まだ金融事情が厳しかった時期だ。彼は、土地が安いブルックリンの貧困地区に低価格の建売りを造る。家は大売れし、建設区域も大きく広げて、フレッドは大成功を収める。

仕事ができるだけでなく、父親は実に目端《めはし》の利く人だったのである。

「私は昔風の家庭で育った。父が一家の稼ぎ手として権力を持ち、母は主婦に徹していた。私たちは大きな家に住んでいたが、自分たちを金持ちだと考えたことなどない。みな一ドルの価値を、勤労の大切さを知るように育てられた」

トランプは実に幸せな男である。

「一家の結束は固く、今も私の最も親しい友は家族である」と言える人はそうそういないと思う。そして両親はまったく見栄を張らなかった。父親は晩年までブルックリンの、当人が一九四八年に建てたビル内の、狭い質素なオフィスで働いていた。

父はドイツ移民の子として、アメリカ・ニュージャージーで生まれた。ドナルドの祖父は「そこそこに繁盛しているレストランを経営していた」が、四十代で亡くなっている。ドナルドが「すばらしい母親」と呼ぶメアリー・アンは、スコットランドのルイス島生まれ、夢を求めて一九三〇年にアメリカに渡った。結婚後は主婦に徹するかたわら、地元の病院でボランティアとして働いてもいる。

トランプは五人兄弟である。兄のフレディは「人好きのする温かい性格の持ち主」だった。父は長男に仕事を継がせたかったが、兄は「事業には向いていなかった」。ビジネスに徹し、強引で頑固な父親との間には軋轢《あつれき》が生じる。父の仕事から離れ、家を出た兄はやがて酒を飲むようになり、生活もすさんで、四十三歳で世を去ってしまう。幸せな一家に落ちる影の部分である。姉のマリアンは、子供を育て上げたのち学校へ戻って法律の勉強を始め、キャリアを重ねて連邦高等裁判所の裁判官を務めるに至るなかなかの女性だ。

「母は華やかさと壮大さを好む。だが父はきわめて現実的で、能力や効率のよさにしか心を動かされないのだ」

選挙戦演説におけるトランプは女性候補に対して、ハラスメントとも言うべき発言を容赦なく浴びせかけている。その、下品で口汚く、悪趣味な言葉のオンパレードに慣れてきたわれわれにとって意外なことに、彼の女性一般に対する見方はごくノーマルで、時に「尊敬の念」さえ表している。

それは浮名を流した女性に対しても同様で、その点では紳士であり、スマートでもある。その原因は母親にあるのではないだろうか。

彼はその自伝に、父と母の結婚をこう描いている。

「一九三六年に、父は私のすばらしい母メアリー・アンと結婚し、家庭を築いた」

母に対する心の寄せ方に比べると、父に向けられた尊敬の言葉はどこか冷静である。

トランプ氏は、自らショーマン的な性格があることを認めているが、その性格は母から受け継いだものと考えている。ドラマチックで壮大なことが好きな母メアリーは、エリザベス女王の戴冠式《たいかんしき》のテレビ中継に釘づけになり、一日テレビの前から動かなかった。式の壮麗さと王室の華やかな雰囲気にただ心を奪われていたのだ。

そのときドイツ系の父フレッドはイライラと歩き回り、もうテレビを消すように言ったが、「母は返事もしなかった」。「二人はまったく対照的だった」とも書いている。

「小学二年生のとき、音楽の先生の目に黒アザをこしらえたこともある」

トランプ氏は自伝の中で、この武勇伝を告白している。誇らしく喧伝《けんでん》しているわけではない。さりとて悪びれた様子もない。こうした、一種客観的で冷静な発言形態は、彼独特のものである。

先生（男性）にパンチを見舞った動機は、「音楽のことなど何も知らないくせにと思って」であり、「もう少しで放校処分になるところだった」行為を「決して自慢には思っていない」と説明している。しかし、反省とか後悔といった心境とはほど遠いものがあるように思える。彼がそこで言いたかったのは、「私が小さい頃から物事に敢然と立ち向かい、非常に強引なやり方で自分の考えをわからせようとする傾向があったことを、この一件ははっきり示している」ことにほかならないのである。

彼はもしかしたらカッとなって暴力を振るってしまう乱暴者かも、と誤解する向きもあるかもしれないが、実はそうではなさそうなのは、「ただし今はこぶしの代わりに頭を使うところが違っている」との付け加えに見える。

これらのことは、表に現れたことだけ見ていたら、間違いなく誤解され、決めつけられるに違いない、その結果としてのトランプ像の、実像との大いなる違いを見極める視点の鍵を示しているかもしれない。

「父は私を軍隊式の私立学校へ入れることにした。軍隊式訓練が私のためになると思ったのだ」

トランプ十三歳のときのことだ。全寮制のニューヨーク・ミリタリー・アカデミーの八年生に編入。最上級学年まで在学し、その間、規律を身につけたが、彼はそこで「自分の攻撃性を建設的に使うことを学んだ」とも言っている。最上級学年時には士官候補生の隊長に任命されている。

トランプは、セオドア・ドバイアスという頑強で荒っぽい教官から強い影響を受ける。統制を乱すような行動をとる者をドバイアスは力一杯殴りつけた。腕力で立ち向かった生徒は叩きのめされた。クラスの大半は、どんなことでも決して逆らわないようにした。

トランプは、「頭を使ってこの男とうまく付き合う」という第三の手段をとった。重要なのはあしらい方だった。基本は、「彼の権威に敬意を払うが彼を恐れていないことを、それとなく知らせた」。ドバイアスは、相手が弱いと見ると高飛車《たかびしゃ》に出るが、こちらも強いことがわかると、対等な男として扱ってくれた。

それほどよく勉強したわけではないが、学校の成績はよかった。「私は早い時期に、学校で学ぶことはすべて、本番のための下準備にすぎないことを悟っていた」とトランプ氏は言っているが、軍隊式訓練も鬼教官との付き合いもみな、本番のための下準備であったということだろうか（ちなみにこの学校は二〇一五年に中国資本に買収されている）。

「私は酒は飲まないし、
タバコも吸わない」

レストランを経営していたトランプの祖父は、大酒飲みで、荒れた生活を送った。四十代で、妻と三人の子供を残して亡くなってしまうが、家族に遺《のこ》されたものとてなく、十一歳の父フレッドが稼ぎに出なければならないほどの貧しさに家族を放り出したのだ。

一方、トランプ氏が「家族の中で一番つらい思いをした」と言っている兄のフレディは、初め父の期待通り、父の会社で一緒に働くが、もともとビジネスには向かず、不動産業への適性も持っていない。父との軋轢は増すばかりで、結局は父との仕事から離れざるを得なくなった。

兄は、一番やりたかったパイロットに転じる。TWA航空で働き、好きな釣りや船遊びに興じていた頃、トランプは八歳年上の兄に向かって、言った。「しっかりしろよ、フレディ。一体何をしてるんだ？　役にも立たないことばかりして」。こんなことを言わなければよかったとトランプが心の底から後悔したのは、ずっとのちのことだった。

いつしか兄は人生に幻滅を感じ始めたのだろうか。酒を飲むようになり、生活はどんどんすさんでいって、ついには四十三歳でこの世を去ることになる。

トランプは、酒が人を変え、大事な人を奪っていくのを、二度と見たくないと思っている。だから彼は酒を飲まない。タバコも吸わないのである。

「成長して世の中がよく見えてくると、女性が実は男性より強い存在だということがわかるようになった」

ドナルド・トランプにとっての理想の女性は、母親である。「女性について考えるとき、私はついつい母親のメアリーと比較してしまう」。連邦高等裁判所の裁判官を務めることになる姉のマリアンは、「母は自分が知っている中で最も賢い女性だ」と言っているという。「優しく、うまいやり方で、母は人の心を動かすことができた」とトランプ氏は言う。

幼い頃はけんか好きでわんぱく、性格が男性的すぎたという彼も、大人になって、ようやく女性の強さに気づき始める。

「彼女たちは男を赤ん坊のように扱う。また、女性の中には自分たちが弱い存在だと見せようとする人もいる。しかし、本当はまったく違うということもわかった」

彼は、人よりも女性に触れる機会が多い。女性経験は豊かである。

例えば、ある世界でも名の知れた人物のディナーパーティーで大胆に誘惑してくるセレブ夫人の話。テーブルの反対側には夫が座っているので、ダンスに応じながら、自制を促しても、意に介せずに積極的に迫ってくる人妻の話。町でばったり出会い、送ってほしいというのでリムジンに乗せると突然覆《おお》い被《かぶ》さってきた良家の子女。結婚目前だというのに。

彼は女の魅力をふりまいて男を操縦する女性を見てきた。この世で最も屈強な男たちが、彼らの二分の一も体重のない奥さんを恐れているのを見てきた。

「まったく異なる二人の女性が、
私の個性の二面性を表しているのだ
ということがだんだんわかるように
なってきた」

二人の女性とは、別れた最初の妻イヴァーナと二番目の妻マーラのことである（現在の妻、すなわち三人目のメラニアとの結婚は二〇〇五年一月二十二日である）。

「ほとんどの人は、私のことを一つの目標に向かって進むひたむきなビジネスマンであるとか、絶対に負けることのない強引な奴と見ている。一方で私が美しいものに、あるいは演出といったものに夢中になる男だと見てくれる人もいる。それは両方とも正しい」とトランプは書いている。

「私の人生において最も重要な時をともにした二人の女性イヴァーナとマーラの違いを見ればそれが明らかであろう」

才能に溢れ、成功した女性。ブロンドの美人。それは共通しているが、二人の個性はまったく違う。イヴァーナは「タフで現実的なビジネスウーマン」。それはトランプの猛烈ビジネスマンとしての面と呼応し、共通している。

マーラは「芸術を愛する女優」。彼女の個性はトランプ氏の美しいもの、演出というものにのめり込む面と呼応し、共通する。二人の女性はトランプに大きな影響を及ぼし、二重の個性に影を落としている。

しかし彼はそこで、イヴァーナによる離婚訴訟の顛末《てんまつ》を語り始める。

「なぜだかわからないが、
私は女性の内にある最高か最悪、
そのどちらかを引き出すようだ」

「どうして私の資産を別れたイヴァーナにやらなきゃいけないんだッ」

最高と最悪。離婚するときに引き出すのが「最悪」であるとトランプ氏は書いている。「最高」のほうはどうなのか。トランプ氏は、イヴァーナやマーラが、自分に大きな影響を与えたとき、彼女たちから「最高」を引き出していたはずだ。

ただ、こんないやみっぽい言い方をするのは、自伝には、最悪の例ばかり挙げられているように感じられるからだ。

カタリーナ・ビットという往年の名フィギュアスケーターが、たぶん有名でお金持ちのトランプ氏を利用したいと思ったのだろうが、トランプ氏から電話番号を渡されたけど無視したという話。「トランプ氏のほうが私を連れ出そうとして断られた」という中傷記事。事実無根の交際話をでっち上げてマスコミに広め、一流雑誌のモデルへの採用を得ようとした女の話。

いずれもマスコミがらみなので、トランプ氏に同情したい気持ちも湧いてはくる。ただ彼がこれを有名税のように言うのは間違っていると私は思う。

最悪は避けがたいとしても、せっかく女性を評価しているのだから、最高の例もできるだけ知りたいと思う。

「私はつねに婚前契約書を交わす。
婚前契約を怠ったために破綻した人間と
事業を、私はいやというほど見てきた」

「前々妻イヴァーナと前妻マーラに対して、婚前契約書を用意していなかったら、今の私はスッカラカンだったはずだ」とトランプ氏は言う。

「幸いにも、(離婚後に資産を取られないよう) 私は婚前契約書を交わしていた。離婚の後、私はがむしゃらに働き、数々の取引を成功させてきた。おかげで今日、わが社はかつてないほどに大きく、強く、裕福になっている。婚前契約書がなければ、このような状況は望むべくもなかった。おそらく、私はすべてを失っていただろう」

婚前契約書とは、われわれには耳慣れない言葉だが、トランプ氏は声を大にして、この婚前契約書を取り交わそう、と提唱している。

結婚するとき、冷静に夫婦間の損得関係を計算できるカップルは多くないと思う。とくに恋愛結婚で、お互いが求め合って結婚するとき、「将来離婚するかもしれない」と考える人はごくごく少数派である。

だが、現実にはアメリカでは五八%の夫婦が離婚している。もめごとが法廷に持ち込まれたとき、双方に公平な和解案に落ち着く保証はまったくない。「男と女の争いほどひどいものはない」とトランプ氏は言う。「婚前契約書がない場合、かなりの高確率で地獄が発生する。婚前契約書の用意を怠ってはならない」と。

「金目当てだから、
女は婚前契約書をいやがる」

トランプ氏によれば、婚前契約書は、渡すタイミングが一番難しいという。しかし、はっきり伝えることが肝心である。

「君をとても愛しているよ。でも、もしうまくいかなかったときは、離婚で君が手にするのはここに書いてある金額だよ」

すると基本的に次の三つの反応があるそうだ。

まず、夫をとても愛してくれるいい女なのだが、契約書へのサインは拒絶する（こういう女はパスせよ）。

次に、結婚後は夫を手玉に取ることを期待しているので計算高くサインをしない（結婚したら尻に敷かれるぞ）。

最後は、即ヒットして、書かれている金額に目がくらみ、急いでサインする。

三番目にはトランプ氏のコメントはないが、これがトランプ氏の言う理想の女性なのだろうか。

そして最後にこう付け加える。

「（結婚が決まると）女は世紀の大芝居を打つ。賢い女ほど女らしく振る舞い、弱々しそうに見せる。しかし、心の中では真の鬼だ」

5　トランプの政治的資質

「退役軍人省の施設に
六〇〇万ドルもつぎ込んで銅像や
噴水を造る日々は終わりだ」

病院で待たされるつらさは洋の東西を問わないようだ。全米各地の退役軍人病院・施設で、予約患者を必要以上に長く待たせ、その待ち日数を病院職員が偽って記録していたことが明らかにされた。さらに、待たされている間に複数の患者が死亡したと報道されている。待ち日数は平均一〇〇日前後に及ぶこともあり、治療が遅れた患者に、肺炎の形態であるレジオネラ症が発生し、消化器官系プログラムの不手際な処置があったことも報告されている。

アリゾナ州フェニックスの退役軍人病院では、退役軍人一七〇〇人の非公式な待機リストが作成されていた。二〇一三年には予約した退役軍人二二〇〇人のうち八〇％以上が二週間以上待たされ、コロンビアとピッツバーグの退役軍人病院では、それぞれ五人以上が待たされている間に死亡したという。

国家のために尽くした退役軍人が十分な手当てを受けていないことに憤慨したトランプ氏は、退役軍人省は自分たちの入っている建物を新しくし、飾ることばかりに熱心だと批判する。彼は、退役軍人省当局の無駄遣いをなくし、「無能な幹部をクビ」にして「退役軍人省の首脳部を総入れ替え」し、医療サービスを手厚くすると主張している。

舌禍《ぜっか》ばかりが注目されがちだが、彼はこのような地道な提言も発信しているのだ。

「年収二万五〇〇〇ドル以下の人の所得税を免除する」

トランプ氏は、年収二万五〇〇〇ドル以下の単身者と、合わせて五万ドル以下の夫婦世帯の所得税を免除すると発表している。思い切った減税策のようだが、そうでもないそうだ。つまり、所得税免除によって税金を払わないですむようになるのは国民の五〇％だが、これまでの税制でも、なんとアメリカ国民の四五％は、一切所得税を払っていないのだ。トランプ減税で新たに税金を払わなくてよくなるのは五％にすぎない。

トランプ税制では、個人の所得の最高税率を、三九・六％から二五％までと、大幅に下げるとした。これはかなりの減税になるので、富裕層優遇との批判があった。

「アメリカンドリームを実現できるように財源を増やす」とも言ってきたトランプ氏だが、中間層、富裕層どちらのことを言っているのだろうか。

しかし、二〇一六年五月八日、彼は「高額所得者に対しては増税せざるを得ないかもしれない」と述べた。

この他、法人税率を一五％引き下げ多国籍企業が海外に滞留させた所得を税率一〇％で国内に還流させることができるようにする。最低賃金の引き上げは反対し、労働コストの低い、海外に移転した製造業の雇用を呼び戻すべきとした。だがこれも、賃上げ賛成に転換。変化について、「柔軟性が必要」というトランプ氏、これからは柔軟性発揮か？

「すべての人を被保険者とする保険をつくる」

トランプワールドに圧倒されてきたわれわれとしては、ともすればトランプ氏が極右ガチガチの政治家であるという固定観念を抱きがちである。

だが必ずしもそうとは言えない。見てきたように、実は共和党候補の中で最も危険な、いわゆる極右の政治家はテッド・クルーズ氏であり、トランプ氏は彼とはまったく異世界の人物である。

医療保険制度について、トランプ氏が右の発言をしたとき、彼のそれまでとは違うという印象を有権者の多くが感じたという。

トランプ陣営のスポークスマンは、「ユニバーサルかつ、自由市場に基づいて選択の幅を提供する、社会主義的でない制度を用意する」とコメントしている。またトランプ氏は、共和党に対しても「死にかけている人を助けるアイデアを嫌っている」と非難した。

二〇一六年三月二日に発表した医療保険制度改革案では、オバマケアの一部を取り消す内容を盛り込む一方、処方薬の輸入を認め、州をまたいだ医療保険プランの販売や保険料の全額所得税控除などが含まれている。

「保険料が払えないからといって見過ごされる人がいないようにする必要がある」としている。保険料が払えないのは彼が目の敵《かたき》にしているヒスパニック系なのだが。

「ＴＰＰは米国ビジネスへの攻撃だ。
日本の為替操作は止められない。
損な取引だ」

あれは何だったんだろうか。日本政府は、国内の反対団体の顔色をうかがうようにして参加を延ばし、アメリカに引きずり込まれるように最後の参加国となったのだ。アメリカは喜んでTPPを主導し、決めたのだと日本人は思っていた。

オーストラリア、ニュージーランド、チリなど一二カ国による経済連携協定だが、よく見れば、何のことはない。日米両国で加盟国総GDPの九〇%以上を占め、アメリカにとっては日本だけが重要で、日本が入らなきゃ意味がなかったのである。

TPPが批准されれば日本企業の海外での競争力強化につながり、他国への投資も増加すると期待されている。両政府の試算では、TPPが世界経済にもたらす経済効果は各年あたり二七兆円に達する。ところが、合意した内容はアメリカ国内のお気に召さなかった。

トランプ氏は、TPPによって米国内に不当に安い外国製品が流れ込み、アメリカの製造業が大打撃を受けると主張した。さらに、日本の不正な為替操作により日本の輸出業者が米国企業を圧迫し、競争で有利な立場に立っている、「TPPはアメリカの国家主権を侵害する」から絶対に署名せず、（日本を排除して）カナダ、メキシコと再交渉を目指すとした。これではオバマ政権のTPPによる四〇〇万人の雇用の創出など絵に描いた餅《もち》で終わりそうだ。ただ、弁舌は威勢いいが本当に内容を理解しているかどうかは疑問との声も。

「武器を保有・携帯する権利こそが、
われわれの自由と他の権利を守る」

銃弾に命を奪われた罪なき被害者に思わず涙したオバマ大統領の姿を、われわれ日本人はある共感をもって眼に焼き付けたが、一部の、と言っても非常に多くのアメリカ人が冷ややかに受け止め、失笑さえ浮かべたらしいことに、少々ショックを覚えた。

オバマ大統領がいくら銃規制を進めようとしても、銃社会は簡単には変わらない。なぜ銃撃事件がなくならないか？　に答えることなく、日本の報道カメラの前で「(日本人が銃を持てないなんて) お気の毒ね」と笑ったアメリカ人夫婦。秀吉《ひでよし》の刀狩りこのかた武器を手にしたことがないわれわれとしては、自分で自分の身を守る文化というものがこの国にはあり、西部劇の時代の空気がまだ残っているのではないか、と思いたくなる。

国内で相次ぐ銃乱射事件にもかかわらず、身の安全のために銃を持ち、規制に反対する人はアメリカの多数派である。トランプ氏はマニアックな銃の信奉者ではなさそうだが、銃所持は権利と考える。それは標準的なアメリカ人の姿である。

もちろん銃撃事件はなくさなければならない。トランプ氏は、「銃犯罪には共通点」があると考える。銃による犯罪を犯すのは「頭のおかしい人」である。その頭のおかしい人を施設に隔離すればいい、と彼は言う。隔離した人々に現行の罰則を厳格に科せば問題は解決する、というのが彼の持論である。

「死刑を取り戻せ！」

一九八九年四月十九日夜、ニューヨークのセントラル・パークで、三〇人以上の黒人やヒスパニックの少年たちが、公園内の人々を襲い、暴行を加え、金品を奪った。この騒動の中でジョギング中の白人女性がレイプされ、暴行を受ける事件が起きた。

警察は、女性への暴行、強姦、殺人未遂の犯人として、黒人四人、ヒスパニック一人の少年を逮捕した。五人は通行人を襲ったことは認めたが、強姦は否認した。

トランプは、「犯人たちの死刑」と「ニューヨークでの死刑の復活」を求め、主要新聞四紙に「死刑を取り戻せ！」という全面広告を掲載した。

五人は有罪になり服役した。事件から十三年後の二〇〇二年、連続強盗・殺人罪で服役していた別のヒスパニック男性が、自分がレイプ事件の真犯人だと告白したことから、五人の元少年たちの無罪が明らかになった。

少年たちは釈放され、トランプ氏に謝罪を求めた。しかし彼は、「謝罪しない。奴らは刑事に自白した。後になってからやっていないと言い出したが信じられない」と拒否した。

その後彼らは政府に賠償訴訟を起こし、多額の賠償金を手にする。犯人（容疑者）への思い込み、大金を使ってでも罰しなければいけないという思いにトランプらしさを感じる。

「人工妊娠中絶手術が違法化された場合、
中絶手術を望む人は違法な場所に
行かなければできなくなるだろう。
その場合は何らかの罰を受けるべきだ」

演説会場では相手の反論を許さず、大声で圧倒して自説に固執するトランプ氏だが、有権者の反応などによって、主張の内容は微妙に変えられることも案外多い。

トランプ氏は、自分は人工中絶反対派と位置づけている。二〇一六年三月、トランプは右の発言をした。回りっくどい言い方だが、精一杯の気配りだったのかもしれない。だが、たぶん彼の意に反して、メディアは、「トランプ氏は、人工中絶を行った女性は罰せられるべきだ」というストレートな表現で報じ、あっという間に世界中に伝わった。

これが大反発を招き、もちろん妊娠中絶賛成派からも非難された。

トランプ氏はその日のうちに再び説明した。

「もし議会が中絶を違法化し、あるいはいずれかの州が連邦法の下で禁止し、連邦裁判所がこの（中絶を禁じる）法律を合憲とする場合には、医師あるいはどんな人物であれ、この違法行為（中絶）を妊婦に行った者は、法的責任を問われる。このとき、胎内の命を奪われた妊婦は被害者である」

苦心の修正文がどれだけ有権者に伝わったのかはわからない。この後トランプ候補は、有利だったはずのウィスコンシン州の予備選で敗北した。選挙戦にとって致命的なダメージがあったと分析されている。

「先祖代々受け継がれてきた
農場を守れ」

トランプは、義を見て心動かされる真のカウボーイである。女性をレイプしたとして逮捕された少年たちの死刑を求め、「死刑を取り戻せ」と新聞広告を出したのも、勇み足とはいえ、彼の正義の心から発したものであったに違いない。

これはトランプ氏がまだ四十代初めの、ビジネスに脂の乗り切った頃の話である。ミセス・ヒルという、ジョージア州の六十代の女性（夫は数週間前に自殺）が所有する農場が抵当流れになるというニュースを知って、彼はそれを差し止めるために奔走する。たまたまテレビのニュースを見たのがきっかけだった。トランプ氏は農場の抵当権者である銀行と交渉し、強硬な態度をとり、あわてさせて、銀行を動かした。

ミセス・ヒルと彼女を支援する人々は事のいきさつを報道関係者に話し、この美談はいつしか新聞、テレビで大きく取り上げられる。

基金も設立された。大きな力となったのは、全国で最も人気のあるラジオ番組のパーソナリティだった。

多額の寄付が集まり、ミセス・ヒルの農場は守られた。クリスマス・イブに、トランプ・タワーのアトリウムで抵当証券を燃やすセレモニーが盛大に行われ、トランプの名声は一層高まったのである。

「目には目を」

池井戸潤氏のヒットシリーズ『半沢直樹』がテレビドラマ化され、大ヒットしたのは記憶に新しいところである。その主人公半沢直樹の決めゼリフ「倍返しだ！」は、日本中で使われ、一大流行語ともなった。

「目には目を」のほうは今や完全に古典である。その表現には、歴史の重みが重ねられて、鋭利な刃物のような冷たさ、凄みさえ感じられる。

トランプ先生にはもっと現代的で軽い、倍返しのほうが似合いそうだ。もっとも彼の場合、倍返しどころか十倍で返す、と言っているそうだが。

それはともかく、トランプ氏はその著書の中でこう書いている。

「困難な状況に置かれていたとき、誰が本当の友で、誰がそうでないかよくわかった。私は〝目には目を〟という諺を信じている。私を裏切ったうちの何人かは今、私の助けを必要としている。しかし、彼らはもはや私には関係のない存在だ」

思い切りタメを利かした文章表現で、ジワーッと迫ってくる。静かな語り口だが、目が笑っていないという感じでもある。心当たりのある人をゾッとさせる凄みがある。敵にしたくない人物だろう。

「ごく若い頃から、
私は自分が何を望んでいるか
はっきりわかっていた」

トランプの父親は、子供の頃からよく働き、腕は最高によかった。順調に仕事を覚え、若くしてプロフェッショナルとして立った。機を見るに敏《びん》で、有利に仕事を進め、コストを抑え、先を読み、チャンスをつかむ才覚を磨いていた。低所得者向け住宅から始めて、よりグレードの高い不動産開発へと手を広げて大金持ちになった。

しかしドナルドは、父の仕事を継ぎたいとは思わなかった。もっとケタ違いの大きな仕事がしたかった。自分が父とは違う上の世界を目指すことになるだろうことに、仕事に一歩踏み出したばかりの若いトランプは気づいてしまったのだ。

彼は安定した収入を得るだけの仕事に満足できなかった。「自己主張の場がほしかった」。ニューヨーク五番街にトランプ・タワーを建て、アメリカでも最高の一等地にオフィスビルを開発し、最高級のホテル、カジノを経営する不動産王となった今、彼の予見を伴った望みは実現した。その彼の大きな望みは、最高の土地に最高の不動産といった「大きさ」だけではなかった。

「ホテルを建てて儲けるのもいい。だが大きなカジノ付きホテルを建て、宿泊料金の五十倍（の賭け金）も儲けられればもっといい。ホテルとカジノでは、収益のケタが違うのだ」

彼のこの言葉が妙にリアリティを持って印象的である。

「私の取引のやり方は単純明快だ。ねらいを高く定め、求めるものを手に入れるまで、押して押して押しまくる」

これも、頂点は極めたが、まだまだ若い頃の発言である。トランプらしさが感じられ、「なるほどな」と思う。

あこぎなことはしないのだろうが（と言っても、彼が回想するビジネスシーンにはあこぎと言っていい部分もある）、攻撃的なビジネススタイルの空気が伝わってきて、一種恐ろしさをにじませる。

「時には最初にねらったものより小さな獲物で我慢することもあるが、大抵はそれでもやはりほしいものは手に入れる」。小さな獲物で我慢する、の辺りが、かえってハードボイルドなシーンを連想させ、やはりほしいものは手に入れるのくだりに、やっぱりそうかと妙に納得する（妄想が過ぎるか）。あまり付き合いたくないタイプである。

それはともかく、「取引をうまく行う能力は、生まれつきのものだと思う。いわゆる天賦《てんぷ》の才だ」と言い、「一番大事なのはカンだ」と言っている。

私はこの業界のことはまるでわからないが、トランプ氏の言うビジネスのやり方、ビジネスの資質は、成功する起業家の条件をとらえているのではないかと思う。少々不動産業者的に思えるのは私の偏見かもしれないが、それはそれで、現実に成功した人間だからこそそのものだろう。

「少々の誇張は構わない。
非常に効果的な宣伝方法だ」

大統領選にテレビは付き物である。五十六年も前、ジョン・F・ケネディがリチャード・ニクソンに勝った原因はテレビの討論会でのテレビ映りだったと言われる。以来、テレビは大統領選を左右してきたのである。

今回の大統領選で、アメリカのテレビが一番多く映し出したのは、ドナルド・トランプであった。有力候補と見られていなかった頃から、トランプ氏は目立つ存在であり、見ていても聞いていても面白い候補者だった。不動産王でテレビの人気番組の出演者という来歴や、とんでもないことを言い、怒鳴りながら、憎めないところもある派手なキャラクターは、視聴率を稼ぎたいテレビがほしかった素材でもあった。

テレビはトランプを集中的に取り上げてきた。時にはマイナス効果も引き起こしそうだったが、トランプは意に介さなかった。

彼はテレビを、宣伝効果の高い、有力なメディアと認識しているのだ。

そう彼が考えているのなら、逆効果の危険が多いとはいえ、その他大勢ではない対象となるために、人があっと驚くような発言をしたのも、まずは自分をアピールし、印象づけるための演出だったと考えておかしくない。

だとしたら、大統領候補のトップに立った今から彼はどう変貌《へんぼう》するか？　楽しみだ。

「トランプは強力なブランドになった。
それも私が要求するデザインや
品質レベルが、非常に高いからだ」

揺るぎない自信である。堂々と公言するところがトランプらしく、彼の良さでもある。「トランプ」は現実にアメリカ屈指の強いブランドである。自己顕示欲が強いと言われるトランプ氏は、自分が開発、運営する不動産に「トランプ」を冠していて、そのどれもが一流、超一流と言われる扱いを受けている。「トランプ・タワー」「トランプ・プラザ」「トランプ・マリーナ」「トランプ・タージマハール」……。そんなネーミングを悪趣味だと批判する人々もいるが、むしろ逆に商品価値を高める効果を生んでいるようだ。

トランプ・タワーは、ニューヨーク五番街という最高の立地に建てられた高層複合ビルで、かつてはスピルバーグ、マイク・タイソンなどが入居し、最近もビル・ゲイツ、ハリソン・フォード、ビヨンセが住むなど、多くのセレブに支持されている。「ロールスロイスは誰もが憧れる車だ」とトランプ氏は続けている。「私は自分が手がける事業すべてが、ロールスロイスに匹敵する『エリート』だと思っている。私のこだわりが功を奏し、私の建てたビルは世界最高品質だと言われている。自慢しているように聞こえるかもしれないが、これは事実でもある。私は事実と作り話を混同したことはない」。

「あの日本人は世界中で
最大、最高のギャンブラーだった」

アトランティック・シティは、ラスベガスと並ぶ米最大のギャンブル合法地域だ。トランプ氏は三つの大ホテルを持って、君臨していた。トランプ氏絶頂期の誇りであった。彼のカジノには、美女を侍《はべ》らせ、大金を賭けるアラブの富豪のような上得意もたくさんいたが、時にはプロ中のプロというギャンブラーも出入りしていた。

柏木昭男という日本人についてトランプは自著に記している。柏木氏は、他の客とは違って、有名人との記念撮影を異常なほど嫌った。彼は世界最高のギャンブラーで、いつも莫大な金を賭け、一晩で二三億円も稼ぎ、カジノを破産に追い込むこともあった。

その人物がトランプ・プラザに現れた。バカラというゲームで、初日だけでトランプ氏の負けは四〇〇万ドルになっていた。一時盛り返したものの、最終となる四日目の初め、柏木氏は九二五万ドル（約一〇億円）勝っていた。トランプ氏は、勝っても負けても一〇〇〇万ドルで勝負を降りる決断を下した。柏木氏はトランプの申し出を受け入れたが、奇跡が起こった。柏木氏は負け続け、逆に一〇〇〇万ドルの負けになってゲームは終わった。

この勝負の模様は、観戦したウォール・ストリート・ジャーナルの記者によって記事となり、ある事件に巻き込まれたらしい柏木氏は、マスコミ、カメラマンに追いかけられ、その後姿を隠したが、最後は死体となって発見された。

「トランプが共和党の指名を獲得したら、わが社の新聞を食べてみせる」

（ダナ・ミルバンク）

ワシントン・ポストの有名コラムニストが公言していたこの言葉が、現実のものとなるとは、少なくとも紙媒体のジャーナリスト諸氏は夢にも思っていなかったことだろう。しかもこれほど早々と、他候補者たちが撤退に追い込まれるとは。

五月十二日、自身の予想が外れたとして、コラムニスト氏は公約通り新聞を食べた。

昨年（二〇一五年）十月、ダナ・ミルバンクさんは同紙に、「トランプ氏の敗北か、さもなくば私が新聞を食べるか」と題するコラムを掲載。トランプ氏の女性蔑視《べっし》発言などを取り上げて、「米国民はトランプより分別がある」と主張していた。

共和党のトランプ指名が確実になったこの日、ミルバンクさんはトランプとネーミングされたワインで乾杯した。

「このワインはガソリンよりはマシだ」

などと意味不明のコメントを発しながら、自分のコラムが掲載された日の新聞が散りばめられた料理にナイフを入れた。

味付けはどうだったのだろうか。たぶん相当苦かったのだろうとは思うが、スパイスは利いていたのか。

米国民の分別を噛みしめながら、なんとか完食したのだろうか。

「ジャーナリズム――どうしてもそのように呼びたいのならばだが――は、この国で最も信頼できない職業の一つと思われている」

ジャーナリズムはトランプ氏の仇敵《きゅうてき》だった。ビジネスが大きくなるほど、マスコミとの付き合いは避けがたいことで、トランプ氏の側でも彼らを活用している部分はあった。

「私はいつもマスコミというのは両刃の剣だと思ってきた」と彼は著書に書いている。

「うまく使うこともできる一方で、傷つけられたりもするからだ。唯一確かなのは、その影響力が大きいということだ」

トランプ氏が、経済的に問題を抱えて、改善に取り組まなければならなかった難しい時期に、彼が多くの新聞・雑誌がほしがる話題の中心人物だったことがあった。そういうとき、マスコミは非礼だったと彼は思う。

トランプ氏には、苦い経験がたくさんあった。取材に応じ、記者は良い記事を書くと言う。初めはその言葉を信じていたが、記事が掲載されてみるとひどかった。悪意に満ちたものであったり、長たらしく退屈であったりした。彼に何かを期待して得られず逆恨みのように中傷する輩もいた。それより彼は、二度三度と裏切られたことに腹を立てる。一度裏切られたのに、また裏切られた。自分が経験から何も学ばなかったことに、自分に腹を立てるのだ。時に、彼は直接相手に手紙を書いて、相手を辱《はずかし》めることもあった。

もしかしたら、今回の選挙戦で、トランプはマスコミに復讐しているのかも。

「私のヘアスタイルは、
動物への虐待、危害を与えることなく
作られている」

アメリカではどこでも、トランプの髪型が話題になる。

「どうして誰も彼《か》も私に、ヘアピースかウィッグかヅラでもつけているのかと聞くのだろう？」

トランプ氏は自分の髪型を肴《さかな》にされるのが大いに不満である。だから、懸命に否定し、反論する（髪の毛の様子が気になり出した人は概して、そうやってムキになるものだが）。

「声を大にして言っておきたい。答えは、絶対に断固として『ノー』だ。かつらではない。この髪は一〇〇％地毛だ」

とトランプ氏は防戦する。

その次の、「動物への虐待、危害を」という表現は、なかなかしゃれていると思うが。

トランプ氏はこの言葉に続けて、言う。

「しかし、いつかはヘアピースかウィッグかヅラをつける日がやってくるだろう。それは認めざるを得ない」

自分からわざわざ持ち出すところがかわいい。

「だが、完全にハゲてからだ。ただ一生そうならないことを願っている」

はい、頑張ってください。

「書類の上でどんなによさそうに見える話でも、自分自身のカンに頼って判断すること」

トランプ氏は「カン」の人である。

ある友人が、石油会社を買収しようとしていた。「ドニー、五〇〇〇万ドルほど出してほしいんだ。絶対に損はさせない。投資した金は数カ月で二倍、あるいは三倍になる」。トランプ氏にもいい話のように思えた。乗り気になった。

ところが、説明はできないのだが、何か引っかかるものがある。結局断ってしまう。数カ月後、石油価格は暴落し、友人たちが買収した会社は破産した。だからオレのカンは当たるんだ、という話ではない。

この経験から、トランプ氏は三つのことを学んだと書いている。

①書類の上でどんなによさそうに見える話でも、自分自身のカンに頼って判断すること。

②総じて自分のよく知っている分野でビジネスをするほうがうまくいくこと。

③時には投資を思いとどまることも利益につながるということ。

カンとは、いわゆる山カンではなく、日頃の経験からの積み重ねの結果であることもある。カンに頼るということは、むしろ理論一辺倒の組み立てには盲点があり得ることを自覚することでもある。

「金は目的ではない。金ならもう十分、一生かかっても使い切れないほどだ」

それはその通りだろう。しかしトランプ氏がいくら金は目的ではないと言っても、彼にとって金を儲けることが非常に重い意味を持つことは、すでに見てきたとおりである。ただ彼が言いたかったのは、何をして、あるいはどうやって金を儲けるかが大事なんだということなのではないかと思う。

「私は取引そのものに魅力を感じる」

と言う。

「キャンバスの上に美しい絵を描いたり、素晴らしい詩を作ったりする人がいるが、私にとっては取引が芸術だ」

トランプ氏はロマンチストであった。

「私は取引をするのが好きだ。それも大きければ大きいほどいい。私はこれにスリルと喜びを感じる」

不動産王と言われるくらい、スケールの大きい事業を手がけてきたトランプ氏であるが、企業家と言うよりはアントルプルヌール（起業家）と言うほうがふさわしく、本人もそう考えているフシがある。

政治家トランプより起業家トランプのほうが繊細で、魅力的かも。

6　もっと深～いトランプ

「私は本当に心配なんだ」

右の言葉にトランプは次のように続けている。

「私の間違いならいいと願っているが、実際のところ、アメリカは大きな財政的問題を抱えていると思う。私が思うに、この国の政府はひどくお粗末な仕事をしてきた」

まじめな語りである。続く言葉がそのことを示している。

「民主党のせいだとか、共和党のせいだとか言っているのではないよ。政党を名指しで責任を追及しても何の意味もない」

そして、

「どちらかの政党が政権についても、中流階級は貧民予備軍となり、何年もせっせと働いたあげく、下手をすると貧困層に転落しかねない」

これは公開された文章だから、「知る人ぞ知る」なのだが、これまでのトランプ候補の戦いぶりを見てきた人たちのうち、どれだけの人が、この真摯な言葉を想像できるだろうか。

トランプ氏はなぜ、選挙戦の中でこのような語り口で、このような主張をしないのだろうか。

万が一、トランプ氏がネコならぬトラをかぶっているのだとしたらどうだろう。妄想が過ぎるかもしれないが、万が一の変貌を期待したい。

「その前に、どんな世界に飛び込もうとしているのか、できる限り調べたほうがいい」

トランプ氏は二〇〇〇年の米大統領選に、第三政党の候補者として出馬することを考えていた。これはその頃の回想として彼が語った言葉だ。

この発言も、現在までトランプ氏が戦ってきた選挙戦の言動、パフォーマンスとはかなり異なる趣《おもむき》があり、正直言って戸惑わされる。

ただ、もしかしたら彼は、見えているような直情タイプの人間ではないのではないかという思いは湧いてくる。と言うよりは、まず確実に直情タイプではないことがわかるし、むしろ真逆のタイプかもしれない。

「好奇心や野心の強い人は、それまでとは違うフィールドで新しいことにチャレンジしてみたくなるときがある」

と彼は言う。挑戦を前にした人間の息づかいが伝わってくるようだ。

「リスクを背負うのはいい」

と覚悟を示しながら、右頁の言葉を言う。

「そして、その仕事に必要な気構えがあるかどうか、念には念を入れて確認すべきだ」

その慎重とも言える姿勢は、臆病さとはまったく別次元のもので、挑戦を前にした人間の真剣さを映しているようにも見える。

「私も相当叩かれてきたから、
もう慣れっこになった。
叩かれたら見方を変えてみよう」

彼の著書の読者、たぶん不動産王と称されるセレブ経営者からビジネスのヒントあるいは生き方のヒントを学ぼうという人たちに向けての言葉だ。

「これまでさんざん叩かれてきた、という人もいるだろう」と語りかけるトランプ氏は、自分も（皆さんご存じのように）さんざん叩かれてきたんだよ、と言って共感を誘い、アドバイスを贈る。

「叩かれたら、すかさず見方を変えてみよう。相手はまさにドアをノックしているのだ」

叩かれたのを単に自分への攻撃ととらえれば、怨みが残るだけだが、相手はどうして自分を叩くのだろうと考えれば、相手が自分に問いかけているのかもしれないことに気づく。これはきわめて柔軟な考え方である。そして、そこでトランプ氏はストレートに、「ドアを開けなさい」とは言わない。

「叩かれたドアを開くかどうかは自分で決めればいい」

と言っているのである。

「私は今では、ドアをノックされたらチャンスだと思い、叩いている相手を読むヒントだと考えるようになった」

それがトランプ氏の、深い結論である。

「実際には、私は消極的な考え方をよしとする。商売ではきわめて慎重なほうなのだ」

トランプ氏のこの言葉を額面通りに受け取るアメリカ人は、おそらくいないだろう。それは筆者も同じだ。

ただ、これは彼が自分の生き方とビジネスについて、ある程度本音を述べたと思われる著書（自伝）に書かれたものであり、叙述の流れから言っても、ある説得力を持っていると思う。

消極的はともかくとして、大きな組織とそれを構成する人を抱えている企業の経営者としては、慎重さは当然である。

彼はよく、政治的には派手で積極果敢な発言をする。しかし、ビジネスでは慎重で、消極的な考えも必要になる。

「最悪の事態に対処する方法を考えておけば、つまり最悪を切り抜けることができれば、何があっても大丈夫だ」

「うまくいく場合は放っておいてもうまくいく」

ところがこのルールに従わずに、彼はアメリカンフットボールの、人気のないリーグの弱小チームを買収した。一か八かの判断だったが、結局失敗する。失敗した場合の策は何も考えていなかった、と彼は述懐する。

「どうせ考えるなら、大きく考えろ！
どうせ生きるなら、大きく生きろ！」

トランプ氏は、自分を茶化した漫画を読んだことがあるという。ふつうの人には想像さえつかないような豪華で、華やかな生活、身の回りなどを皮肉たっぷりに誇張したものであった。それには、

「幸運でのし上がった大都会の実業家が、ゴージャスな恋人や自家用機、プライベートのゴルフ場を手に入れ、大理石のフロアや黄金のバスルームのあるペントハウスで暮らしている」との説明が付けられていた。

悪意ではないまでも、どこか滑稽な、とでも言いたいようなスケッチ。羨望の気持ちを押し隠しながら、「ふん」と蔑《さげす》むような様子で、笑い飛ばそうとしているように見える。

そんな内容は、人によっては不快に思うことだろうが、トランプ氏はまったく意に介さない。

「この漫画は真実を語っている」

つまらないことを気にせずに、さらりとトランプ氏は言うのだ。

「私が自分でこの漫画の世界を作り上げたのであり、その中で生きるのが喜びだ」と。

それは彼が、大きく考えた末に実現した生活であり、とやかく言われる筋合いではない。

読者にも、せっかくの人生大きく生きろと呼びかける。

「毎日、自分がいかにものを知らないか
思い知らされる」

この発言も、耳を疑いたくなるほど謙虚な表現である。

トランプ氏ほどマスコミへの露出が多い候補はいない。またトランプ氏ほどマスコミに評価されていない候補もいない。

多くのメディアが、彼は無知で、思い込みも多いと批判している。実際、彼の主張には、二十年も三十年も過去のことに基づいて持論を繰り広げるなど、事実誤認、時代錯誤《さくご》な発言があまりにも多い。

トランプ氏は右の発言に続いて、こういう。

「何かを知れば、必ずまた一つ知らなかったことが出てくる。幸い、私は知ったかぶりはしないから、毎日新たなチャレンジが待っている」

この新たな知識への挑戦は、彼のビジネスへの活力となる。

「私のやる気はどこから生まれるのかとよく聞かれるが、このことの繰り返し、というのがおそらく一番真実に近い答えだろう」

トランプの無知と時代錯誤は、実は平均的アメリカ人労働者が抱いている現状認識、現状理解に近いという声もある。日々知識欲を刺激されてきたのが彼の実像だとすれば、ここまで彼が説いてきたもの、演じてきたものは何だったのだろう。

「私は学者になる時間がない。だが、引退したら絶対になろうと思っている。可能性が開けるし、世界が広がる」

トランプ氏の夢は、やがて学者になることだという。笑ってはいけない。むしろわれわれは、もう一つトランプ氏に対する認識を改めなければいけないだろう。

彼が知識を得ることに喜びを感じているらしいことを示す言葉がいくつかある。

「習慣は恐ろしい、とよく言うが、どんな習慣かによって良い意味にも悪い意味にもなる。私は長年かけて勉強する習慣をつけてきたが、それが人生最大の喜びの一つになった」

またあるとき彼は次のようにも言っている。

「世界は広い。知らないことはたくさんある。つまり、発見すべきことも達成すべきこともまだまだあるのだ」

次に紹介する文では、アメリカ人を客観的に見ている。

「アメリカ人は自国の出来事にはそこそこの関心があるが、他国で起こっていることはあまり知らない。自分の世界の外に注意を向けることは誰にとっても必要だ」

「私たちは互いにいろいろな意味でつながっている。政治もそうだし、経済も社会もそうだ。私が外国籍の人々にこれだけたくさんアパートを売ったり貸したりできているのは、彼らの出身国を知る努力をしていることが、たぶん一つの理由だろう」

はたして学者の知性的な顔はトランプ氏にフィットするだろうか。

「私が政治家になるにあたって問題となるのは、あまりにも正直に話しすぎることと、論争好きなことだ」

トランプ氏が大統領選に出ようと考え始める、そのずっと前にも、彼が政治に進出するのではないかと取りざたされたことがあった。四十代のときに大統領選への出馬を考えているという噂が立ったこともある。

しかし、いざ大統領選を戦っている今から思うと、当時のほうが言っていることに説得力を感じられるのは一体なぜなのだろうか。

右の発言は、ごく冷静で、それだけにあわよくば政界へという熱は感じられない。そして、政治家をそれでもやっていけるのかどうかはよく知らないとしながら、そういった姿勢が人々に好かれて、自分はうまくやってこられたのだと言う。

「しかし、少なくとも正直であることは、論争を引き起こす元となりがちだ」

という自覚も見える。

最後は、

「私が選挙に出るべきだとの世評もあるが、仮に政治家になったとしても成功しないだろう、ということぐらいはわかっているつもりだ」

本心だったかどうかはわからない。そしてトランプ氏は、この判断をしっかりと乗り越えて大統領選出馬を決断したのかどうかもわからない。

【主な参考・引用文献】

「黄金を生み出すミスダッチ」（ドナルド・トランプ／ロバート・キヨサキ　筑摩書房）
「明日の成功者たちへ」（ドナルド・トランプ　ＰＨＰ研究所）
「大富豪トランプのでっかく考えて、でっかく儲けろ」（ドナルド・トランプ　徳間書店）
「トランプ自伝」（ドナルド・トランプ　筑摩書房）
「あなたに金持ちになってほしい」（ドナルド・トランプ／ロバート・キヨサキ　筑摩書房）
「金のつくり方は億万長者に聞け！」（ドナルド・トランプ　扶桑社）
「敗者復活」（ドナルド・トランプ　日経ＢＰ社）
「経営者失格――トランプ帝国はなぜ崩壊したのか」（ジョン・オドンネル　飛鳥新社）
「リビング・ヒストリー」（ヒラリー・ロダム・クリントン　早川書房）
「トランプが日米関係を壊す」（日高義樹　徳間書店）

ニューヨーク・タイムズ
ワシントン・ポスト
ウォール・ストリート・ジャーナル
朝日新聞
毎日新聞
読売新聞
産経新聞
東京新聞
中央日報
週刊ポスト
週刊新潮

本文ＤＴＰ・カバーデザイン／株式会社テイク・ワン
表紙カバー写真／アフロ

トランプ激語録―わが叫びを聞け！

第一刷発行――二〇一六年七月一日

著者――梶埜翔

編集人――祖山大

発行人――松藤竹二郎

発行所――株式会社 毎日ワンズ

〒一〇一―〇〇六一

東京都千代田区三崎町三―一〇―二一

電話 〇三―五二一一―〇〇八九

FAX 〇三―六六九一―六六八四

http://mainichiwanz.com

印刷製本――株式会社 シナノ

ISBN 978-4-901622-88-2

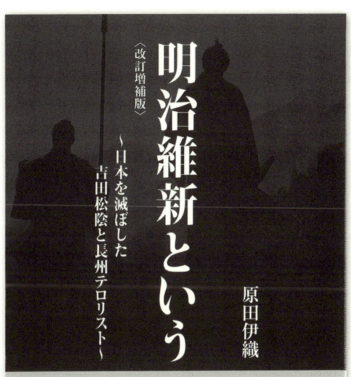